인터넷상에서

허버트 L. 드레퓌스

정혜욱 옮김

東文選

인터넷상에서

Hubert L. Dreyfus
On the Internet

This edition was published by arrangement
with Taylor & Francis Books Ltd., London
through Korea Copyright Center, Seoul

주느비에브를 위하여.
인터넷 서핑 서바이버이자 웹디자이너로서 그는 최악의,
최상의 인터넷에 모두 정통하다.

"신체는 나 자신이며, 영혼이다." 아이는 이렇게 말한다. 하지만 왜 사람들은 이 아이처럼 말하면 안 되는가?

그러나 각성한 자와 지성인은 말한다. 나는 전적으로 신체이지 다른 어떤 것은 아니다. 영혼이란 신체에 관한 것을 지칭하는 일개 단어에 지나지 않는다.

나의 형제여, 당신의 사상과 감정 뒤에 강력한 통치자, 미지의 현자가 있다. 그 이름은 자아이다. 자아는 신체 속에 거주하며, 자아가 곧 신체이다.

프리드리히 니체, 《차라투스트라는 이렇게 말했다》

우리는 일반적으로 신체를 매개로 해서 세계를 보유한다. 신체는 때로 생명의 유지를 위해 필요한 행위로 제한될 때가 있다. 이때 신체는 우리를 생물학적 세계에 위치시킨다. 하지만 다른 경우, 신체는 이러한 원초적 행위를 정교하게 하여 문자 그대로의 의미를 넘어서 표상적 의미를 획득한다. 이때 신체는 원초적 행위를 통해 핵심적인 새로운 의미를 표명한다. 춤과 같은 운동 기능이 그 예가 될 것이다. 그리고 마지막으로 목적한 의미가 신체의 본능적 수단에 의해 성취될 수 없을 때도 있다. 이 경우 신체는 틀림없이 그 자체로 도구를 구축하고 있으며, 그러므로 신체는 신체 그 자체를 통하여 문화적 세계를 투사한다.

모리스 메를로 퐁티, 《지각현상학》

차 례

감사의 말

나는 여러 사람들에게 이루 헤아릴 수 없이 많은 도움을 받았다. 알래스테어 해네이는 내가 IV장에서 적용한 키에르케고르의 새 번역본을 제공해 주었고, 고든 리오스와 케네스 골드버그는 네트의 탐색이 실제로 작동하는 방식을 인내심을 가지고 설명해 주었다. 아룬 트리파티는 읽을 수 있는 양보다 더 많은 인터넷상의 자료를 전송해 주었다. 찰스 스피노자·신 켈리·베아트리체 한·스튜어트 드레퓌스에게도 감사를 표한다. 마크 뢰솔은 까다로운 반대 주장들을 제공해 주면서, 이에 대한 답변에 도움을 주었다. 그리고 '인터넷과 공공 행정'(The Internet and public administration)이라는 주제의 세미나 원고들을 모두 검토하도록 해준 데 대해 조스 드 뮐과 세미나에 참여한 여러분들께 감사드린다. 여기에서 거론된 많은 비판적 논평들은 나에게 많은 도움이 되었다. 주느비에브 드레퓌스는 나에게 네트의 이용법을 가르쳐 주었고, 최종 원고를 탈고할 수 있도록 해주었다. 그리고 특히 데이비드 블레어의 문서 검색에 대한 복잡한 비트겐슈타인적 이해는 인터넷의 정보 이해의 문제를 이해하는 데 도움을 주었을 뿐만 아니라, 이 문제들이 사이버스페이스에서 인생의 한계에 대한 나 자신의 메를로 퐁티적인 이해와 맞아 들어갔다.

99쪽에 실린 밥 딜런의 〈다시 가본 61번 고속도로〉에서 발췌한 글은 소니/ATV 뮤직 출판사(영국)의 친절한 허락을 받아서 수록되었다.

서 론

나는 너희에게 초인을 가르친다. 인간이란 극복되어야 할 존재다. 지금까지 인간을 극복하기 위해 너희들이 한 일은 무엇인가?

프리드리히 니체, 《차라투스트라는 이렇게 말했다》,

프롤로그

왜 포스트휴먼이 되려고 하는가…? 확실히 우리는 인간으로서도 많은 것을 성취할 수 있다. 그러나 인간의 껍질을 깨고 나와 우리의 지성과 결단, 그리고 낙관론에 충실한 때에만 더 높은 고지에 오를 수 있다. 우리의 신체는…… 우리의 능력을 제약한다.

엑스트로피협회 설립자 막스 모어의

니체 인용 및 응답[1]

www.ct.heise.de/tp/english/inhalt/co/2041/1.html

인터넷은 단지 새로운 테크놀로지의 혁신이라기보다는 테크놀로지의 바로 그 정수를 끌어내는 테크놀로지 혁신의 새로운 '유형'이다. 지금까지 테크놀로지의 혁신가들은 이미 필요하다고 인정된 장치들을 일반적으로 생산해 왔다. 그리고 나서 몇 가지 예기치 않은 부작용들을 발견했다. 알렉산더 그레이엄 벨은 전화가 사업상의 의사 소통을 위해 유용하지만 가정에서는 받아들여지지 않을 것이라고 생각했기 때문에 걸어다니며 통화를 한다는 것은 당연히 생각지도 못할 일이었다. 마찬가지로 헨리 포드는 값싸고 믿을 수 있고 개별화된 교통 수단을 제공하기 위해 자동차를 생각해 냈지만, 그는 자동차가 도시 내부를 파괴시키고 사춘기의 성을 해방시킬 것이라고는 상상하지 못했다. 그러나 네트는 다르다. 원래 네트는 과학자들이 서로간에 통신을 하기 위해 의도된 것이다. 그러나 '이것'은 현재 부작용이 있다. 네트는 너무나 거대하고 변화무쌍하기에 '어떤' 구체적인 필요성을 충족시키기 위한 장치로 보기는 어렵다. 그리고 네트는 정말 놀랍게도 매순간 새로운 형태로 이용된다. 테크놀로지의 정수가 '모든 것'에 쉽게 접근하고 최대한으로 활용할 수 있도록 만드는 것이라면, 인터넷은 완벽한 테크놀로지의 장치이다. 인터넷은 가능한 한 모든 것을 유연하게 만든다. 그리고 그것은 이와 같은 경향의 최고 정점에 서 있다. 그것은 가능한 한 많은 현실을 디지털화하고 상호 연결하도록 만든다.[2] 웹이 허용하는 것은 문자 그대로 제한이 없다. 이 순수한 유연성으로 인해 사람들은 자연스레 네트의 미래에 대해 분노에 찬 예견을 경쟁적으로 내놓는다. 정보를 연결하고 정보에 접근하는 새로운 방식을 받아들인다면 인터넷은 새로운 경제적 번영의 시대를 가져다 줄 것이고, 우리가 원하는 정보를 정확히 찾아 주는 정보 검색 엔진을 발전시킬 것이다. 그리고 모든 형태의 현실과 접촉하게 해줄 것이며, 우리가 이미 가지고 있는 정체성을 넘어서 훨씬 더 많은 유연한 정체성들을 허용해 줄 것이며, 그래서 우리의 삶에 새로운 의미의 차원을 열어 줄 것이라고들 한다.

그러나 전자 상거래의 상대적인 성공과 비교해 볼 때, 다른 영역들은 보다 성공적인 새로운 삶의 형태에 대한 전망을 내놓고, 이에 대한 수많은 논의가 있었지만, 실제로 행복한 결실을 가져다 준 경우는 거의 없다.[3] 사실 카네기멜론대학교의 연구자들은 사람들이 월드 와이드 웹에 접근할 때 고립감과 좌절감을 느낀다는 놀라운 사실을 발견했다. 《뉴욕 타임스》는 다음과 같이 보도한다.

1백50만 달러짜리 프로젝트의 결과는 그것을 기획한 사회과학자들의 기대에 완전히 상반되는 것이며, 그 연구를 재정적으로 지원한 많은 단체의 기대에 완전히 반하는 것이었다……. "우리는 이 연구의 결과에 큰 충격을 받았다. 이 결과는 인터넷 이용의 사회화에 대해 우리가 알고 있는 바와 상반되었기 때문이다"라고 카네기멜론대학교 '인간 컴퓨터 상호 작용 연구소(Human Computer Interaction Institute)'의 사회심리학 교수 로버트 크라우트는 말한다. "우리는 여기서 극단에 관해 말하고 있는 것은 아니다. 이들은 정상적인 성인과 그들의 가족들이다. 평균적으로 인터넷을 많이 이용했던 사람들의 상태가 더 나빴다."[4]

이 연구자들은 그들의 연구 결과를 다음과 같이 요약한다.

이 연구는 온라인을 이용한 첫 1-2년 동안에 73가구의 1백69명에게 인터넷의 사회적이고 심리적인 영향을 고찰했다……. 이 샘플에서 인터넷은 통신 수단으로 확장되어 사용되었다. 그럼에도 불구하고 인터넷을 많이 이용하면 할수록 가정에서 가족 구성원과 참여자의 의사 소통이 줄어들고, 사회적 모임에 참여하는 빈도

도 줄어들었으며, 우울증과 고독감이 증대되는 것으로 나타났다.[5]

저자들은 여기에서 빠져 있는 것이 실제 신체의 출현이라고 결론 내린다.

온라인상의 우정은 신체적 근접성에 의해 유지되는 우정보다 한계가 있는 것같이 보인다……. 온라인상의 우정은 동일한 일상적 환경 속에 배태되어 있지 않기 때문에, 그들은 상대적으로 대화의 맥락을 잘 이해하지 못해 토론이 더 힘들어지고, 활용할 수 있는 토대가 부족해 보인다. 원격 전자 통신의 유대가 긴밀하다 할지라도 신체적 근접성에 의한 강한 유대와는 그 종류가 달랐고, 그 강도도 다소 약화된 것으로 나타났다. 최근 인터넷에서 널리 퍼져 있는 개인들간의 통신을 적용해 보아도 긴밀한 유대 관계가 분명히 나타나지 않거나, 유대 관계가 강화된다기보다는 약화되었다.[6]

이러한 놀라운 발견은 인터넷 사용자들의 탈신체화가 심각하고 예기치 않은 결과를 낳는다는 것을 보여 준다. 사람들에게 미치는 인터넷의 영향력은 대부분 도구가 영향을 미치는 방식과는 큰 차이가 있다. 인터넷은 사용자가 다른 모든 사람들과 관계를 맺는 주요 방식이기 때문이다. 이러한 놀라움과 실망감을 받아들인다면, 우리는 당연히 온라인상의 삶의 이점과 위험성을 알고 싶어질 것이다. 그래야만 우리는 네트가 어떤 것이 될 것인지, 네트를 통한 삶의 과정에서 우리가 어떤 존재가 될 것인지를 어렴풋이나마 생각해 볼 수 있기 때문이다.

네트를 장기적으로 전망해 볼 때, 가장 극단적인 네트 열광론 자들은 우리가 조만간에 신체가 부과한 한계를 초월할 수 있을 것이라고 본다. 이러한 전망을 가장 선구적으로 내놓은 사람 중의 한 명인 존 페리 발로의 말처럼 전자 개척지는 "모든 곳에 있지만 어느곳에도 없는 세계로서, 신체가 거주하지 않는 세계이다."[7] 발로와 같은 환상가들에게 신체란 앞뒤, 팔다리가 있고, 전세계로 옮겨다닐 수 있는 물리적 신체만을 의미하는 것이 아니라 우리에게 문제가 되는 우리의 기분, 사람들과 사물을 대면할 때의 특정한 맥락, 그리고 상처나 죽음뿐만 아니라 실망과 실패에 노출되는 많은 방식들을 의미한다. 간단히 말하면 이들에게 신체화(embodiment)란 모든 양상에서 인간의 유한성과 취약성을 포함하는 개념이다. 이 책에서 내가 이해하는 신체의 개념은 이러한 넓은 의미에서이다.

예이츠는 그의 영혼이 "죽음으로 향해 가는 동물성에 매여 있다"고 한탄했다.(《탑》에 실린 〈비잔티움으로의 항해 Sailing to Byzantium〉, 1928) 언어와 문화적 정체성들의 감옥인 동물적 신체를 떠남으로써 인간의 진화를 완성하고자 하는 욕망을 찾아보기란 아주 쉽다. 과연 누가 우주의 어디에서든 존재할 수 있고, 질병과 죽음을 피해서 자신을 백업해 둘 수 있는 탈신체화된 존재가 되기를 원하지 않겠는가? 웹을 꿈꾸는 사람들과 다른 많은 사람들은 기형과 우울증, 질병, 노령과 죽음에서 자유로워지는 것을 즐거워할 것이다. 이것은 한스 모라벡[8]과 레이 쿠르제일[9]과 같은 컴퓨터에서 영감을 받은 미래학자들이 우리에게 내놓은 전망이다. 이것은 엑스트로피언들과 같은 국제적 단체가 말하는 네트(이외에 어떤 곳이 있겠는가?)의 전형이다. 그래서 엑스트로피협회장인 막스 모어의 글을 이 책의 서론에서 머리글로 인용했다. 하지만 더욱 현실적인 지도자들도 우리가 새로운 단계의 문명으로 들어가고 있다는 꿈에 찬동한다. 경영고문인 에스더 다이슨에 따르면 "사이버스페이스는 지식의 땅이며, 이 땅을 탐험하는 것은 문명의 가장 진실된 최고의 요청일 것이다."[10]

신체를 떠나는 것은 플라톤을 기쁘게 할 것이다. 플라톤은 신체가 영혼의 무덤이라는 말에 동의했으며,[11] 소크라테스를 따라서 인간의 최고 목표가 '육신을 버리고' 순수 정신이 되어야 한다고 주장했다. 이것은 소크라테스가 "육신을 멸시하고 신체를 넘어서 독립적이 되려고 노력함으로써──철학자의 영혼은 다른 모든 사람들보다 앞서 있다"[12]고 말하는 바와 같다. 그러나 놀랍게도 엑스트로피언들은 인간성을 초월해야 한다고 말하면서 플라톤이 아닌 니체의 예를 따른다.

사실상 니체의 신체에 대한 반플라톤적 관점은 엑스트로피언들이 인용하기를 좋아하는 바로 그 초인에 관한 책에 나와 있다. 〈신체의 혐오자들에 대하여〉라는 제목의 장에서 니체는 차라투스트라를 통해, 마치 엑스트로피협회 회원들에게 직접적으로 응답하기라도 하듯이 "나는 너희의 길을 가지 않을 것이다. 오, 신체의 혐오자들이여! 너희들은 초인으로 가는 교량이 아니다!"[13]라고 하였다. 이어서 그는 다음과 같이 말한다.

너희들이 말하는 '나,' 이 말에 대해 자부심을 가져라. 하지만 더 위대한 것은 너의 신체와 그 위대한 이성에 대한 신념을 가지려고 하지 않는 것이다. 그러한 신념은 '나,' 라고 말하는 것이 아니라 '나,' 라고 말한다…… 나의 형제여, 너희들의 생각과 감정

뒤에 강력한 통치자, 미지의 현자가 자리한다. 그 이름은 자아이다. 그는 너희의 신체 속에 거주한다. 자아가 너희들의 신체이다.[14]

니체는 인간에게 가장 중요한 것은 인간의 지적인 능력이 아니라 신체의 정서적이고 직관적인 능력이라고 생각했다. 심지어 과학과 테크놀로지에서도 가장 숨겨진 형태로 들어 있는 플라톤주의와 기독교를 가차없이 비판하면서 니체는 인간의 한계를 초월하여 진정으로 초인이 되기를 고대했다. 하지만 이것은 인간이 죽음과 유한성을 지속적으로 부정해야 한다는 의미가 아니라 최종적으로 그들의 신체와 신체의 유한성을 긍정할 수 있는 힘을 지녀야 한다는 의미이다.

그러므로 현재 우리가 다루는 쟁점은 다음과 같다. 우리가 신체 없이 잘 지낼 수 있는가? 신체란 동물의 피가 흐르고 있는 흔적인가? (엑스트로피언들이 주장하는 바처럼 신체는 인류의 자유를 제약하기에 우리가 극복해야 할 대상인가?) 아니면 니체가 주장하듯이 신체가 우리의 정신적이고 지적인 삶에서조차 결정적인 역할을 하는가? 니체가 옳다면 네트의 위대한 장점으로 간주되는 신체의 한계에서 벗어나는 것은 반어적으로 네트의 아킬레스건이 된다.

나는 철학자로서 인터넷의 어떤 특정한 점을 비난하고 다른 점을 찬양하고자 하는 것은 아니다. 나의 의문은 보다 사색적인 것이다. 네트가 우리의 삶의 중심부를 점한다면 어떻게 되는가? 하버드대학교 케네디 정치학부장인 조지프 니에의 말처럼 네트가 '저항할 수 없는 대안 문화'라면 어떻게 되는가? 우리가 많은 시간 동안 사이버스페이스에서 삶을 영위한다면, 우리는 슈퍼 인간(super-human)인가, 아니면 하위 인간(infra-human)인가?

이에 대한 해답을 찾기 위해 사이버스페이스로 들어가 동물 형태의 감정적이며 직관적이고 상황에 얽매인 상처입기 쉬운 신체를 가진 자아를 버리고 우리가 이전에는 결코 획득할 수 없었던 주목할 만한 새로운 자유를 획득한다면, 우리는 이와 동시에 우리의 결정적인 능력(관계 없는 것과 관련되는 것을 구분하여 지각하는 능력, 학습에 필요한 성공과 실패를 진지하게 의식하는 것, 우리에게 사물의 현실을 지각하게 해주는 세계를 최대한 포착하고자 하는 우리의 욕구들)을 불가피하게 잃어버릴 가능성이 아주 높다. 게다가 우리는 진정한 책임이 수반하는 위험을 피하고자 할 것이고, 우리의 삶에 의미를 부여해 주는 감각을 잃어버릴 수도 있다. 다음으로 우리의 신체가 사라진다면, 실제로 관련성·기능·현실성, 그리고 의미도 마찬가지로 사라질 것이다. 신체가 트레이드 오프(trade-off)[경제를 예로 들면 실업을 줄이면 물가가 올라가고, 물가를 안정시키면 실업률이 높아지는 상충 관계를 말한다]의 문제라면 웹상의, 웹을 통한 삶의 전망은 결국 그렇게 매력적이지 않을 것이다.

요 약

제1장: 하이퍼링크의 한계들. 지식 정보 검색에 대한 희망과 인공 지능의 실패. 어떻게 신체의 실제 움직임과 형상이 우리가 세계를 지각하는 데 있어 결정적 역할을 하는가, 그리고 그 결과로서 어떻게 신체성의 상실이 '관련성을 인지하는 능력의 상실'로 이어지는가.

제2장: 원격 학습의 꿈, 교수와 학습에서 자료화의 중요성, 견

습과 모방의 필요성. 출석하지 않고 몰입하지 않는다면 '우리는 기능을 습득할 수 없다.'

　제3장: 원격 존재(telepresence)가 결여한 것. 그것은 현실을 포착하는 지각의 원천으로서의 신체이다. 원격 존재의 배경이나 주변 환경에 적절하게 대처할 수 있는 능력의 결여가 어떻게 '사람과 사물들에 대한 현실감의 상실'로 이어지는가.

　제4장: 익명성과 허무주의. 삶의 의미가 진정한 책임을 요구하고, 진정한 책임감은 실제 위험을 수반한다. 온라인상의 가상 책임의 안전함과 익명성은 '의미 없는 삶'으로 이어질 수 있다.

I

하이퍼링크에 대한 과대 광고

소위 인공 지능(AI)의 문제——기계를 인간의 지적 활동
과 아주 유사하게 만드는 문제——는 아직 미결의 문제이
다. 게다가 이 분야에 서광이 비치고 있다고 말하는 것은 사
실상 분명한 것은 아무것도 없다는 의미이다. '인공 지능'
'지적인 대리인들' '하인들'——우리가 언론에서 듣는 모
든 과대 포장된 말들——과 같은 단어들은 우리가 처해 있
는 혼란과 곤경을 재서술하는 것이다.

우리는 웹에 들어가 검색할 수 있는 기계를 가지기를 원하
고, 우리가 선호하는 것을 알고 있는, 우리가 찾고 있는 바의
의미를 알고 있는 개인적 기억 장치를 가지기를 원한다. 그
러나 현재 우리가 이 정도 수준의 기계나 장치를 가지고 있
는 것은 아니다.

마이클 데어투조스, **MIT** 컴퓨터과학실험실장[1]

웹은 거대하고 왕성하게 성장하고 있다. 최근의 통계에서 웹
페이지는 10억 개 이상이며, 하루에 최소한 1백만 페이지씩 새로
생겨나고 있다.[2] (독자들이 이 글을 읽을 때쯤이면, 이 통계는 이
미 시대에 대단히 뒤떨어져 있을 것이다. 하지만 이것이 웹의 특성
이다.) 웹에는 놀라울 만큼 많은 유용한 정보들이 있지만, 이것은
점점 더 발견하기 어려워진다. 문제는 웹에서 정보가 조직화되

는(혹은 오히려 조직화를 파괴하는) 방식에서 생겨난다. 이것이 웹의 작동 방식이며, 뒹굴고 있는 정보의 모든 각각의 요소들이 하이퍼링크에 의해 다른 많은 요소들에게 연결되는 방식이다. 어떤 사람이 링크를 만들든, 정보의 모든 요소들은 어떠어떠한 이유에서 다른 요소와 하이퍼링크로 연결된다. 범주 체계에 부여된 권위나 합의도 링크의 연결을 제약할 수는 없다.[3]

하이퍼링크는 이전의 서열화된 순서에 입각한 분류보다 정보 검색이 더 유용하기 때문에 도입된 것은 아니다. 오히려 그것은 하이퍼링크가 컴퓨터의 속도와 프로세스 능력을 이용하여 서로를 연결시키기 위한 일상적 방식이다. 이 방식은 정보를 모두 이해할 필요도 없고, 정보에 권위를 부여하거나 그 정보에 대한 기존의 구조도 설정할 필요가 없다. 그러나 모든 것이 목적이나 의미를 고려하지 않고서 서로 연결된다면, 웹의 규모와 링크의 임의성을 고려할 때 특정한 정보를 원하는 사람들이 그 정보를 찾아내는 것은 극단적으로 어려워진다.

하이퍼링크로 연결된 요소들에서 관련 정보를 검색하는 것은 네트와 마찬가지로 새로운 문제이다. 정보를 질서정연하게 배열하는 전통적인 방식은 그것을 관련된 용어의 의미와 사용자의 관심에 따라서 분류해 주는 사람들, 예를 들면 동물학자나 사서·철학자와 같은 사람들에 의존하고 있다.[4] 그러므로 사람들은 그 정보와 그 정보가 속하는 범주을 이해하고서 분류 모형 안에 새로운 정보를 입력한다. 정보를 이용하기를 원하는 사람은 의미에 기초해서 정보를 조직화해 놓은, 즉 분류법을 작성해 놓은 사람에 의지해야만 자신의 목적과 관련되어 있는 정보를 찾을 수 있다.

미시간대학교의 컴퓨터정보시스템학과 교수인 데이비드 블레어[5]는, 가장 '전통적인' 분류 모형이 어떤 종류의 '관례'에 명백히 혹은 암묵적으로 연결되어 있다고 지적한다. 생명과학이 그 명백한 예이다. 그러나 서열적 배열의 기초가 되는 보다 덜 형식적인 다른 관례들이 있다. 이것은 농부가 시간과 상관없이 많은 종류의 식물·동물·해충·병충해·기후 조건·계절 등을 확인해야 하는 농사에서 그 예를 찾아볼 수 있다. 웹의 몇몇 링크들이 구체적 관례를 담고 있는 웹사이트들 사이에 끼여 있다면, 대부분은 어떠한 관례에도 연결되지 않는다. 무엇이 무엇에 연결되어야 한다는 규정이 없다면, 링크는 왕성하게 퍼져 나갈 수 있다.[6]

아리스토텔레스 이후로 우리는 보다 큰 범주가 보다 작은 범주들을 포함하도록 하는 서열적 분류에 익숙해 있다. 그래서 우리는 만물에서 생물로, 생물에서 동물, 포유 동물, 개, 콜리(스코틀랜드산 개), 래시로 계통 분류를 하며 내려간다. 정보가 이러한 서열화된 데이터베이스로 조직되어 있을 때 사용자는 그 의미 있는 링크를 찾을 수 있지만, 사용자가 그 범주에 속하는 보다 구체적인 데이터를 보려면 그 정보가 속해 있는 특정한 범주를 알아야 한다. 예를 들어 내가 거북에 관해 알고자 한다면 동물에 관심이 있어야 한다. 그리고 일단 데이터베이스에서 동물의 서열화된 범주를 확인하고 나서도 동물의 분류를 거슬러 올라가지 않는다면, 그 무한히 많은 데이터들을 모두 일일이 조사해 볼 수는 없다.

그러나 정보가 웹에서처럼 하이퍼링크에 의해 조직화된다면, 그 구성 원칙은 분류법상의 관계가 아니라 단순한 상호 연결성이다. 서열화된 분류는 없다. 모든 것은 하나의 단계에서 다른 모든 것에 연결된다. 그러므로 하이퍼링크는 일단 아주 조금이라도 관련된다면, 이용자를 하나의 데이터에서 다른 데이터로 직접 이동할 수 있도록 해준다. 단지 두세 개의 링크만 거치면 어떤 정보에라도 도달할 수 있다. 하이퍼링크로 연결된 데이터베이스가 있다면 이용자는 거대한 정보의 망을 횡단할 수 있을 것이다. 모든 정보에 대한 접근은 동등하며, 그 어떤 것도 특권화되지 않는다. 예를 들어 내 브라우저에 거북에 관한 정보를 담고 있는 사이트들이 나열될 때, 나는 그 중에서 '산토끼와 거북의 비교'라는 사이트를 클릭한다. 그러면 나는 바로 제논의 역설 사이트로 들어갈 수 있다.

정보를 조직화하고 검색하는 예전의 방식과 새로운 방식을 대조함으로써, 예전의 도서관 문화와 하이퍼링크에 의해 가능해진 새로운 도서관 문화의 특징들을 대조해 보자. 이러한 대조는 의미에 근거한 정보의 의미론적 구조가 의미가 아무런 역할을 하지 않는 형식적이고 통사적인 구조로 변화되었음을 보여 준다. 도표 1은 몇 가지 상반되는 사항들을 체계화한 것이다.

예전의 도서관 문화	하이퍼링크된 문화
분류	다양화
a. 안정적	a. 융통성 있는
b. 서열화된 조직화	b. 하나의 단계
c. 구체적 관심에 의해 정의됨	c. 모든 가능한 연상을 허용
조심스러운 선택	모든 것에 대한 접근
a. 여러 판본들의 질을 고려한다	a. 여러 판본을 포함한다
b. 선택된 텍스트의 진정성	b. 여러 텍스트들을 모두 볼 수 있다

c. 오래된 자료의 소각	c. 모든 것의 저장
영원한 수집	**역동적 수집**
a. 고정된 텍스트의 보존	a. 상호 텍스트적 진화
b. 관련된 브라우징	b. 유희적 웹서핑

[도표 1] 정보 검색의 신구 체계 비교

명확히 하이퍼링크된 도서관 이용자는 전세계의 더욱 완전하고 믿을 수 있는 모델을 희망하는 고정된 정체성을 가진 근대 주체[7]라기보다는 탈근대적이고, 언제나 새로운 영역으로 열려 있는 변화무상한 존재이다. 이러한 새로운 존재는 '의미 있는' 것을 '수집하는' 데 관심이 있는 것이 아니라, '가능한 한 많은 정보의 망'에 연결되는 데 관심이 있다.

웹 항해자들은 증식하는 정보가 새로운 형태의 삶에 기여한다고 본다. 그러므로 이러한 삶에서 놀라움과 경이는 의미와 유용성보다 중요하다. 하이퍼링크에 의한 접근은 특히 위계 질서와 권위를 거부하는 사람들, 그리고 관련된 정보를 찾는 실제적 문제에 개의치 않는 사람들에게 호소력이 있다. 그래서 탈근대 이론가들과 예술가들은 하이퍼링크가 데이터베이스를 조직하고, 관련성을 설정해 주는 익명의 전문가들에게서 우리를 해방시켜 준다고 생각한다. 링크의 '수'가 링크의 '질'에 대한 판단보다 훨씬 높이 평가된다. 이러한 생각은 미국에서 모두 민주당파적이다. 《외교 활동》지의 편집장인 파리드 자카리아는 "인터넷은 전통, 기존의 질서, 그리고 위계 질서를 대단치 않게 느낀다. 이것이 바로 아주 미국적인 것이다"[8]라고 말한다.

데이터를 이용하기를 원하는 사람들은 그들의 최근 관심사와 관련된 의미 있는 정보를 찾아야 한다. 하지만 하이퍼링크로 이루어진 데이터베이스에서는 모든 것이 다른 모든 것에 연결되어 있기 때문에 이것은 아주 도전적인 작업이다. 하이퍼링크가 이러저러한 이유에서 모든 것을 다 연결시키지만, 단 하나의 기본적인 유형의 링크만이 있기 때문에 검색자는 자신이 원하는 정보를 찾기 위해서 링크의 의미를 이용할 수는 없다. 의미에 관한 한 모든 하이퍼링크는 유사하다. 한 연구자가 설명하듯이, 검색 작업은 건초더미에서 바늘을 찾는 것이 아니라 바늘더미에서 한 개의 특정한 바늘을 찾는 것과 마찬가지이다. 연결 관계를 결정해 주는 어떤 의미론적 컨텐츠가 없기 때문에 웹의 검색 수단은 관련성이 있고 의미 있는 의미론적 컨텐츠를 검색할 수 있도록 만들기 위해서 의미 없는 상징들을 조작할 수 있는 통사적이고 형식적인 테크닉이 되어야만 한다.

네트가 출현하기 이전에도 의미 있는 정보를 검색하기 위해 의미 없는 기계를 작동시키는 데서 생겨나는 어려움은 있었다. 이것은 특정한 목적을 위해 조직화시켜 놓은 것이 아닌 데이터베이스에서 특정한 목적과 관련된 정보를 탐색하려고 할 때 언제나 발생하는 문제이다. 대표적인 예로 연구자들이 관심 있는 연구 주제에 대해 출판된 논문들을 찾으려 할 때, 검색 엔진에다 논문 제목에 포함된 단어들을 입력하는 것만으로는 검색자가 필요로 하는 특정한 웹사이트나 문서를 찾기는 힘들다.

데이터 검색(DR)을 정보 검색(IR)과 구분한다면, 이 문제를 보다 쉽게 이해할 수 있을 것이다. 데이비드 블레어는 이 차이를 다음과 같이 설명한다.

데이터베이스 관리 시스템은 데이터의 관리와 검색에서 혁명적 변화를 가져왔다. 우리는 전화번호 안내원에게 전화를 걸어, 미국이나 캐나다의 어느곳에 살고 있는 어떤 사람에 관해서든 그의 전화번호를 알 수 있다. 우리는 멀리 떨어져 있는 도시의 자동예금인출기에서도 고향의 은행 계좌에 있는 현금을 찾을 수 있다. 우리는 미시간의 매표소에서도 샌프란시스코에서 열리는 경기의 입장권을 예매할 수 있다. 이외에도 이러한 예는 수없이 많다. 이 모든 것은 가능하다. 이것은 부분적으로 지난 35여 년간 개발된 신용도가 높은 대규모의 데이터베이스 관리 시스템 덕분이다.

  데이터 검색은 '이름' · '주소' · '전화번호' · '주민등록번호' 등의 항목을 기초로 이루어진다. 이들은 아주 명백하고 전형적인 조회 항목들이다. 그러나 정보 검색의 경우, 한 문서의 제목이나 저자와 같이 그 문서를 대표하는 명확한 의미나 참조 항목을 가지고 있다 할지라도, 그 초점은 한 문서의 저자나 제목의 검색에 있는 것이라기보다는 그 문서가 담고 있는 '지식 컨텐츠'에 있다. (예를 들면 '나는 중앙 유럽의 서비스 산업 투자 전망을 분석하는 보고서를 찾고 있다.') '지식 컨텐츠'를 확실하게 기술해 놓은 것은 거의 없으며, 거대한 검색 체계, 특히 WWW에서 주제의 기술은 가장 포괄적인 검색을 제외하고는 쓸모없을 정도로 부정확하고 막연하다.

  WWW상의 URL을 찾는 것은 간단하고도 쉽다. 그것은 데이터 검색의 정확성과 직접성을 지닌다. 그러나 웹 검색 엔진을 이용하여 구체적인 지식 컨텐츠를 가지고 있는 웹 페이지를 찾는 것은 아주 어렵고, 심지어 불가능할 수도 있다.[9]

데이터 검색과 문서 검색의 차이는 도표 2에서와 같이 요약될 수 있다.

데이터 검색	문서 검색
1. 직접적('나는 X를 알기를 원한다')	1. 간접적('나는 X에 관해 알기를 원한다')
2. 검색 요청에 대한 만족스런 답변이 필수적	2. 검색 요청과 만족스런 문서의 관계는 개연적
3. 성공의 범주=정확성	3. 성공의 범주=유용성
4. 비율은 중요한 문제가 아니다	4. 비율이 중요한 문제이다

〔도표 2〕 데이터 검색과 문서 검색의 차이

웹과 웹 검색 엔진의 출현 이전에는 인간, 즉 여러 문서들을 이해하고 작성했던 색인 작성자들에게 컨텐츠를 서술하도록 하여, 원하는 사람들이 검색할 수 있도록 함으로써 문서 검색의 문제점을 해결하고자 하였다. 그러나 그 많은 웹에 모두 색인을 달 수 있을 정도의 충분한 인력도 없을 뿐만 아니라 또한 색인을 작성하기에는 웹이 너무나 거대하고 너무나 빨리 성장한다.

이런 식의 접근이 얼마나 엄청난 것인가를 이해하기 위해서 블레어의 다음과 같은 비교를 참조하는 것이 도움이 될 것이다.

우리가 몇백 권에 달하는 장서 속에서 한 권의 책을 찾는다고 가정하자. 이것은 사람들로 가득 차 있지만 그렇게 크지 않은 규모의 공간에서 특정한 개인을 찾는 것과 다소 유사하다. 우리가 찾고 있는 책이나 사람의 묘사가 상당히 일반적이라 할지라도 그 책이나 사람을 찾기란 그렇게 어렵지는 않다. 그러나 5만 권의 장서가 있는 작은 도서관에서 한 권의 책을 찾는다고 가정하자. 이 정도 규모의 도서관은 우리 주변에서 많이 찾아볼 수 있음에도 불구하고 한 권의 책을 찾기 위해 모든 장서를 일일이 뒤진다는 것은 정말 상상하기 힘들다. 유사한 예를 들어 보자. 미국의 많은 야구 전문 구장들은 5만 명의 관중을 수용할 수 있다. 말하자면 우리가 빈 좌석 하나 없이 관중으로 꽉 들어차 있는 펜웨이 파크(미국 프로 야구 보스턴 레드 삭스의 홈구장)에서 한 사람을 찾는다고 생각한다면, 이러한 검색 작업을 훨씬 잘 시각화시킬 수 있을 것이다. 그러나 지금 우리의 검색 작업은 이보다 방대하다. 즉 아주 포괄적으로 '중년 남자, 검은 머리칼, 검은 눈, 키는 5피트 10인치, 호리호리한 편'이라고 적혀 있는 메모만으로 한 사람을 찾아내야 한다면, 과연 우리가 그 사람을 찾을 수 있을 것인가? 이제 우리가 2,30만 권의 장서가 있는 보다 큰 도서관에서 한 권의 책을 찾는다고 가정해 보자. 이것은 뉴욕의 센트럴 파크에서 열리는 롤링 스톤의 콘서트에서 한 명의 특정인을 찾는 것에 비유할 수 있다. 하지만 우리는 현재 '인터넷' 검색 공간의 규모조차 아직 파악하지 못하고 있다. 현재 '인터넷'에 올라 있는 수십만 개의 지식 정보 자원들 중에서 현재 우리가 이용할 수 있는 검색 도구만을 사용해서 원하는 정보를 찾는 것은 검은 머리, 검은 눈의 호리호리한 중년 남자라는 포괄적으로 기술된 메모 한 장으로 뉴욕시 전체를 다 뒤져서 한 명의 특정인을 찾는 것이나 마찬가지이다.[10]

이런 끔찍한 문제에 직면한 연구자들은 정보 검색을 위해 인공 지능으로 돌아선다. 1960년대 이후 인공 지능 연구자들은 이 문제를 해결하기 위해 입력의 형태나 형상에만 반응하는 통사적 엔진들로 이루어진 컴퓨터를 인간과 마찬가지로 의미론이나 의미에 반응하도록 만들고자 했다. 그러므로 연구자들은 당연히 인공 지능에 관심을 돌려서 문서를 검색할 때 예전에는 인간만이 인지했던 관련성을 컴퓨터가 지각할 수 있도록 프로그램을 개발하고자 했다. 인공 지능 연구자들은 처음에는 사람들이 관심을 보이는 모든 사실들을 2,3백만 개 정도의 요소들로 모두 표현할 수 있을 것이라고 낙관적으로 생각했다. 그래서 어떤 상황이 주어지면 관련된 사실을 찾을 수 있는 규칙을 만들어 넣었다. 하지만 1970년대 후반과 1980년대 초반, 인공 지능 연구가들이 마지못해 인정할 수밖에 없었던 것은 인공 지능을 만들기 위해서 인간들이 공유하고 있는 상식을 명확하게 정의하여 조직화해야만 한다는 것이었다. 하지만 이것은 거대한 작업이었다.[11] 이 접근을 제안한 사람들 중 더글러스 레나트가 가장 유명하다.[12]

레나트는 상식이란 백과사전에 나오는 지식이 아니라 오히려 백과사전 편찬자들이 당연한 것으로 여기는 종류의 지식이라는 것을 이해했다. 배경 지식은 너무나 명확하기 때문에 우리는 배경 지식의 필요성을 거의 인식하지 못한다. 예를 들면 레나트는 조지 워싱턴에 관한 항목을 이해하기 위해서, 그가 미국의 국회의사당에 있었을 때 그의 왼발도 국회의사당에 있었다던가, 혹은 그가 몇 년에 죽었다는 것은 그 이후로도 계속해서 죽은 것이다…… 등의 사실들을 명백히 할 필요가 있다고 지적한다. 그래서 1985년에 레나트는 향후 10여 년간 상식을 포착하기 위해 "수백만 개의 엔트리를 기초 지식으로 입력하여 지능을 부여한 대리자를 만들어 내겠다"[13]고 제안했다.

그는 15년이란 시간과 1천5백만 달러의 돈을 들여 컴퓨터가 정보 검색에서 상식을 이해할 수 있도록 CYC(상식 정보 데이터베이스)의 개발을 시도했다. 이것은 정보 검색 문제를 해결하기 위한 첫 단계로 상정된다. CYC의 작동을 증명하기 위해 레나트는 정보 검색에서 상식이 얼마나 필수적인가를 보여 주는 사례로 사진 검색 시스템을 개발했다. 이 시스템은 온라인상의 이미지들을 캡션으로 검색하기 위한 것이다. 레나트는 일단 웹상에서 발견할 수 있는 10억 개의 이미지들 대신에 20개의 사진으로 시작했다. 스탠퍼드대학교의 한 교수는 이 시스템을 다음과 같이 기술한다.

CYC 데모판은 20개의 이미지로 이루어진다. '휴식을 취하는 사람'이란 질문어를 넣으면, 그것은 이에 해당하는 하나의 이미지를 찾는다. 이 이미지는 수영복을 입은 세 명의 남자가 서핑 보드를 들고 있는 사진이다. CYC는 이 이미지를 휴식이라는 단어와 이전에 등록해 놓은 그 이미지의 속성간의 관련성을 인식하고 이 이미지를 찾아내었다. 그러나 단 20개의 사진을 대상으로 했음에도 불구하고 이 시스템은 별로 잘 작동하지 않았다.[14]

이 시스템이 조금이라도 작동하는 것은 CYC 프로그래머들이 신체가 있어야만 '이해'할 수 있는 휴식·운동·노력 등을 '지식'으로서 입력해 주었기 때문이다. 그러나 우리의 신체화에 대한 이해는 너무나 광범위하고 행위 지향적이어서 그 모든 것을 과연 탈신체화된 컴퓨터 데이터베이스에 입력할 수 있을 것인가? 이것은 모든 측면에서 정말 회의적이다.

물론 우리의 일상 생활에서 신체화를 이해하는 것은 전혀 문제될 것이 없다. 우리는 신체와 관련된 모든 질문에 다 대답할 수 있다. 그것은 우리가 신체를 사용해 보거나, 신체가 어떻게 반응할 것인가를 생각해 보는 것만으로도 충분하기 때문이다. 예를 들면 팔굽혀펴기는 우리가 그 행위를 상상해 보는 것만으로도 그것이 휴식이 아니라는 것을 이해한다. 그러나 팔굽혀펴기를 하는 사람의 이미지를 인간인 프로그래머가 CYC에 운동하는 사람으로 입력하지 않는다면, CYC는 그 사람이 휴식을 취하고 있는 것이 아니라는 것을 '추론'하지 못한다.

일반적으로 신체화를 입력하기 위해 우리는 무수히 많은 신체에 관한 사실들을 생성해 내야 한다. 이것은 수적으로 너무나 많기 때문에 이것들을 모두 명확한 지식 정보로 저장할 수도 없고 저장하지도 않는다. 그러나 CYC는 신체를 가지고 있지 않기 때문에 전술한 바와 마찬가지로 제대로 된 정보 검색을 위해서 CYC 데이터베이스에 그 모든 신체 정보를 입력해야만 한다. 문제는 이것만이 아니다. CYC에 모든 신체 정보를 입력했다 하더라도, 새로운 질문이 주어진다면 CYC는 그 정보를 어떻게 활용해야 하는지를 이해하지 못할 것이다. 예를 들면 누군가가 사람들이 껌을 씹으면서 동시에 휘파람을 불 수 있는가라고 CYC에 질문어를 넣는다면, 설령 CYC에 껌을 씹는 것과 휘파람을 부는 것에 관한 많은 정보들이 입력되어 있다 할지라도, 신체가 있는 인간이 한 번 시험해 보고서 그 해답을 입력하지 않는 이상 CYC는 이에 대답할 수 없다. 그러나 어떤 질의어에도 관련성 있는 해답을 도출할 수 있도록 만들기 위해서, 인간이 모든 신체에 관한 사실들을 규명하고 저장해 주어야 할 정보는 거의 무한에 가깝다. 물론 우리는 다행히도 신체를 가지고 있으므로 그러한 사실들을 저장할 필요는 전혀 없다.

하지만 신체화에 대해 우리가 이해하는 모든 것을 명확히 규명하여 CYC의 데이터베이스에 등록할 수 있다 할지라도 보다 더 일반적인 문제에 봉착할 수 있다. 즉 현실 세계의 변화가 데이터베이스에서 어떤 변화를 요구하는지 계속 추적해 보아야 한다. '빌 클린턴'이라는 주제어를 제목으로 사용하고 있는 웹사이트라 할지라도 그것은 수많은 주제에 대한 것일 수 있고, 몇몇 소집단의 이용자들에게게만 관련된 사이트일 수도 있다. 게다가 뉴스가 변하면 이용자들의 관심도 변한다. 어느 날은 외교 정책이 주요 관심사가 되고, 또 어느 날은 스타 보고서〔클린턴의 성추문 사건을 담은 것으로 1998년의 핫이슈가 되었다〕가 주요 주제가 될 수 있다. 클린턴에 관련된 것이 나날이 변화하기 때문에 몇 가지 절차에 따라 사람이 현실 세계에서 매일의 변화를 추적하여, 중요한 컨텐츠가 변화할 때 클린턴 웹사이트의 조직화 방식을 컴퓨터가 업데이트할 수 있도록 해주어야 한다.

그러나 세계는 언제나 무한하게 변화한다. 날짜도 나날이 바뀌고, 구름의 형상도 바뀌며, 클린턴의 몸무게 · 나이 · 위치 · 관점 등도 변화한다. 그러나 사람들이 어떤 특정한 날에 클린턴 웹사이트에서 찾아보기를 원하는 것은 이러한 변화들 중 단지 몇 개에 불과하다. 그러므로 웹에 올려진 정보를 업데이트하기 위해서는 세계에서, 혹은 클린턴의 생애에서 일어나고 있는 거의 모든 변화들을 무시하고, 단지 몇 가지 관련된 사항만을 고려해야 한다.

신체를 갖고 있고 다양한 관심사를 지닌 인간은 관련성 있는 변화에만 반응한다. 그러므로 사실 관련성 문제에 반응하는 컴퓨터 프로그램을 만들지 않았다는 것은 놀라울 것이 없다. 실제로 주어진 맥락에서 어떤 변화가 관련이 있는가를 인식하는 문제는 1960년대 이후 인공 지능을 만들면서부터 심각한 고려의 대상이 되었다. 이 문제는 '프레임의 문제'로 불리며 오늘날까지 여전히 미결로 남아 있다.

레나트는 의미에 기반한 관련성을 형식적 원리로 대체하려 하자 관련성 문제가 그의 전 프로젝트와 목적을 위협한다는 것을 인식했다. 따라서 그는 관련성의 원리를 '특정한 것'과 '포괄적인 것'의 두 종류로 나누었다. '특정한 관련성 원리'란 지식 기반이 다른 분과들이 "관련성에 따라 가까운 문제부터 해결하도록 배치될 수 있다"[15]는 생각에서 나온 것이다. 예를 들면 CYC에 주어진 작업이 반도체 소자의 디자인에 관련된 데이터를 발견하는 것이라면, 프로그램은 컴퓨터 분야가 식물학 분야보다 더 관련성이 있다는 취지의 원리에 의해 검색을 안내한다. (비록 식물학 분야가 완전히 배제되는 것은 아니라 할지라도 말이다. 이것은 유용하게 대비해 줄 수 있는 자원이 될 수도 있고, 두 가지 모두를 보여 줄 수도 있기 때문이다.)[16]

그러나 겉으로 보기에 완전히 다른 사실들이 관련성이 있는 것은 단순히 유추 작용 때문이 아니다. 예를 들어 한 사람이 골든로드[golden rod; 미역취속(屬)의 식물]로 뒤덮여 있는 경마장의 트랙을 살펴보고서, 한 특정한 기수가 건초열을 앓고 있다는 정보를 입수한 뒤 그의 베팅을 조정했다면, 겉으로는 전혀 관련성이 없어 보이지만 이 경우 트랙의 변화와 베팅 사이에는 긴밀한 관계가 있다. 하지만 컴퓨터가 이 경우를 인식하도록 만들려면 다시 프레임의 문제에 봉착한다. 사실상 우리가 알고 있는 모든 것은 무수한 의미 있는 방식으로 다른 모든 것에 연결될 수 있다. 하지만 의미가 고려되어야만 무엇이 관련 있는지를 선택할 수 있다. 그러므로 '특정한' 관련성 원칙은 관련성 문제를 해결한다기보다는 보다 극적인 형식으로 '포괄적 관련성 문제'를 드러내고 있을 뿐이다.

'포괄적' 관련성 문제를 해결하기 위해서 레나트는 포괄적 관련성 원칙을 제안한다. 이의 공식화된 진술은 "쟁점이 되는 명제나 사건의 시간과 시간적으로 가까운 사건들만을 고려할 필요가 있다"[17]이다. 즉 골든 로드를 경마와 관련시키는 것은 맞지만, 이것은 동시에 경마 트랙을 둘러싼 무한히 많은 요소들을 다 끄집어 내는 것이다. 그러므로 관련성 문제는 해결되지 않는다. 이 공식을 설명하고 옹호하면서, 구하와 레비는 "한 사건이 발생하고…… 상당한 시간이 흐른 후에…… 갑자기 그 결과가 나타나는 경우는 드물다"[18]라고 말한다. 그러나 미래의 전망이나 건강 문제 등, 단 두 개의 예만을 보더라도 관련된 효과가 먼 미래에 나타날 수 있다. 그리고 나의 현재와 관련된 모든 종류의 역사적이고 심리적인 사실들은 나의 다소 먼 과거에서 발견되어질 수 있다.[19]

15년 전 프로젝트를 시작하면서 레나트는 CYC가 10년 후에 신문기사를 읽을 수 있을 것이며, 그것이 발견한 새로운 사실들의 목록을 인간의 도움 없이 데이터베이스화할 수 있을 것이라고 주장했다. 이것은 각각의 사람들에게 흥미있는 정보를 자동으로 찾아서 전달해 주는 인공 지능을 창안하기를 기대하는 사람들의 꿈이다. 그러나 마이클 데어투조스가 이 장 서두의 경구에서 지적했듯이 이 꿈은 돌파구를 찾지 못했다. 돈 스윈슨은 그 교훈을 다음과 같이 지적한다. "기계들은 의미를 인식할 수 없으며, 그래서 원칙적으로 인간의 판단으로 문서에 색인을 달고 분류하는 과정을 그대로 복제할 수 없다."[20]

레나트의 경우와 같은 인공 지능 프로젝트의 실패는 우리의 신체가 세계를 감지하는 데 있어서 얼마나 중요한가를 주목하게 한다. 실제로 우리 삶의 형태는 우리와 같이 신체가 있는 자를 위해 신체가 있는 사람들에 의해 조직화된다. 신체가 있는 피조물들은 손과 발, 안과 밖을 지니고 있으며, 중력의 장 속에서 균형을 잡아야 하고, 뒤쪽보다 앞쪽으로 나아가기가 훨씬 쉽고, 지치기도 하고, 장애물을 극복하고, 사이의 공간을 뛰어넘어서 나아감으로써 대상에 접근한다. 기타 신체와 관련된 사항들은 현실 세계 속에 넘쳐나고 있다. 따라서 우리는 신체가 그것들을 지각하는 방식을 인지하지 못한다.[21] 우리가 단지 우리와 판이하게 다른 신체——천체나 기체로 이루어진——를 가진 생명체가 살고 있는 외계에 간다면, 혹은 그러한 외계의 생명체가 우리의 세계로 들어와 주체할 수 없는 혼란을 일으킨다면, 그리고 이러한 상황에서 우리가 얼마나 방향을 잃고 헤매게 될 것인가를 생각해 본다면 이 방식을 인식할 수 있을 것이다.

우리가 관련된 정보를 찾기 위해 전세계의 웹사이트나 데이터베이스를 검색할 때, 흥미와 신체를 지닌 존재와 무엇이 관련되는지 신체의 지각을 배경으로서 이용할 수 있다면 이것은 분명 대단한 도움이 될 것이다. 그러나 상식을 명확한 정보로 전환하지 못한 레나트의 경우처럼, 우리는 신체를 가지고 있으므로 굳이 신체화에서 비롯되는 상식을 공식화하려고 할 필요는 없다. 인공 지능이 관련성 문제를 해결할 수 있다는 희망은 현재 대부분 폐기되었다. 하지만 세상 바깥에는 거대하고, 쉴새없이 증가

하는 무한한 정보가 있다. 우리가 그 정보를 얻기 위해서는 우리의 세계를 공유할 수 없고, 웹사이트와 문서들의 의미를 이해할 수 없는 컴퓨터들을 통해야 하는 것같이 보인다.

만일 우리가 신체가 지니고 있는 상식을 세계 저편에 버려 두고 떠난다면(컴퓨터는 우리를 탈신체화의 세계로 이끈다), 우리는 컴퓨터의 방식으로 일을 해야만 하고, 의미론을 불규칙한 형식들 간의 상호 관계로 대체하여 관련 정보를 찾고자 할 것이다. 그러므로 전체 정보 검색 산업은 현재 컴퓨터가 이용할 수 있는 의미 없는 상징들만을 조작하여, 인간과 유사하게 관련성을 지각할 수 있는 검색 엔진과 웹 크롤러(web crawlers; 인터넷 검색 디렉토리의 하나. 1994년 워싱턴대학교의 브라이언 핀커튼에 의해 개발되어, 1995년 6월 아메리카 온라인(AOL)에 통합되었다)의 개발에 헌신하고 있다.

정보 검색 연구자들은 '리콜(recall)'과 '정확성'을 구분한다. 이상적인 상황에서 검색자는 관련 문서를 1백 퍼센트 찾아낼 수 있으며, 검색된 모든 문서는 1백 퍼센트의 관련성을 지닌다. 요약하자면 검색자는 '모든' 그리고 '관련된' 문서들만을 찾을 것이다. '리콜'은 관련된 문서가 얼마나 검색되었는가를 나타내는 비율이며, 정확성은 검색된 문서가 얼마나 관련되는가를 나타내는 비율이다. 그러나 리콜과 정확성은 독립적으로 존재하지 않는다. 그러므로 검색자는 트레이드 오프, 즉 지속적으로 하나를 위해 다른 것을 무시해야 하는 아주 힘겨운 선택을 해야 한다. 검색자가 리콜을 최대화하려면 정확성이 떨어지고, 정확성을 최대화하면 리콜이 떨어지는 경향이 있다. 이 결과로 1백 퍼센트의 리콜과 1백 퍼센트의 정확성의 결과를 가져오는 검색은 예외적인 환경에서가 아니라면 획득할 수 없는 이상이다.

리콜과 정확성은 시스템이 커질수록 최대화하기가 훨씬 어려
워진다. 거대한 규모의 네트에서 검색 엔진의 리콜은 잘해야 관
련된 사이트의 2퍼센트에 불과하다고 추정된다. 블레어는 이러
한 중요한 사실이 거의 인식되지 않는 이유를 다음과 같이 설명
한다.

구체적 컨텐츠의 규모와 그 검색의 어려움에도 불구하고 대부
분의 WWW 검색에 대한 선전은 긍정적이다. 정보 검색의 선각자
돈 스원슨은 이미 몇십 년 전에 이러한 현상을 알아채고서 이를
'풍부함의 오류'라고 불렀다. 풍부함의 오류는 검색자가 거대한
정보 검색 체계를 이용하여 몇 가지 유용한 문서를 찾을 수 있을
때 범하는 실수이다. 스원슨은 시스템이 아주 거대하다면……'어
떤' 질문어를 넣더라도 그것은 몇 개의 유용한 문서는 찾아낸다
고 지적한다. 하지만 당신이 단지 '몇 개의' 유용한 문서를 얻었
기 때문에 정보 검색 시스템이 잘 작동한다고 생각하는 것은 잘
못이다. 당신이 모르는 것은 얼마나 많은 더 훌륭한 문서들을 그
시스템이 빠뜨렸는가이다.[22]

실제 필요한 문서만을 검색해 주는 시스템이 거대하게 진보했
다는 믿음은, 세계를 나누는 방식을 포착하는 아리스토텔레스나
듀이의 십진법 체계와 같이 단지 하나의 분류법만이 있다면 이
치에 맞다. 그러나 하이퍼링크의 세계에서는 보완해 줄 수 있는
형이상학적인 해결책이란 존재할 수 없다.

초기의 검색 엔진들은 단순히 단어의 색인을 만들어 놓고 그

단어가 포함된 문서와 연관시켜서, 그 단어가 포함되어 있는 곳이 제목인지, 본문인지, 초록인지 등에 기초하여 점수를 매겼다. 그러나 연구자들은 이러한 테크닉은 질문어에 합당하고 유용한 문서 검색 확률이 단지 10퍼센트에 불과하다는 데 일반적으로 동의한다.

소위 인기 있는 검색 엔진들은 특정 질문어가 포함된 페이지들을 한 번의 클릭으로 볼 수 있게 하여 그 페이지에서 시간을 보내도록 해놓고, 검색 확률이 20퍼센트라고 자랑해 왔다. 검색자가 클릭을 해서 그 사이트에서 시간을 보내는 것은 응답이 만족스럽기 때문이며, 다른 사용자의 유사한 질문도 만족시킬 것이라고 가정된다. 그리고 이 만족은 어떤 문서에 얼마나 많이 클릭을 했는가와 그 문서를 읽기 위해 얼마나 시간을 보냈는가에 따라 측정될 수 있다.

그러나 이것은 생각만큼 잘 들어맞지 않는다. 문제는 유사성의 개념이다. 모든 것은 무한하게 많은 방식에서 다른 모든 것과 유사해질 수 있다. 예를 들면 이 책과 당신은 지구의 표면에 가까이 있고, 물질로 만들어져 있으며, 빛을 반사하고, 먼지가 쌓인다 등의 여러 가지 점에서 유사하다. 우리에게 유사하다고 생각되는 것은 우리의 관심사에 따라 달라지기 때문에 컴퓨터들은 유사성을 우리에게 유용한 방식으로 판단하지 못한다. 따라서 클릭의 수를 세는 방식은 비교되는 질문들이 '똑같은' 경우에만 해당되며, 동일하지만 다르게 표현되는 질문들을 컴퓨터가 다 망라하지 못한다고 놀랄 것은 없다. 게다가 고든 리오스의 보고서에 따르면 "대규모의 질문어(1억 개 이상)를 넣고 이를 분석해 보면, 질문어의 거의 절반 정도가 독특하기 때문에 검색 엔진은 이전과 같이 클릭할 수 있는 데이터를 내놓지 못한다. 이것은 '유사한' 질문들은 함께 합쳐져야 한다는 것을 말해 주며, 유사성의 문제로 되돌아가는 것이다."

관련된 사이트 검색을 위해 만들어진 최신 테크닉은 검색 엔진 사용자의 응답(즉 클릭)을 문서 링크들을 분석하기 위해 이용한다. 한 페이지를 다른 페이지에 연결하는 저자들의 주해를 이용하여, 질의어에 대한 검색의 정확도를 높인 보다 개선된 형태의 검색 엔진이 생겨났다. 그러나 다시 유사성 문제가 생겨난다. 질문의 범위가 링크에 주해를 달아 주는 텍스트보다 훨씬 더 크기 때문이다. 그리고 링크의 주해는 스팸 메일 발신자에게 강력한 새로운 길을 열어 준다. 클릭이 대중화되면서 스팸 메일 발신자들은 링크의 주해를 이용하여 사이비 문서의 등급을 발빠르게 밀어올린다.

전형적인 문제는 대중성과 링크에 대한 서술을 이용함으로써 질문어의 구체적 컨텍스트와 관련 있는 보다 덜 유명한 페이지들을 보이지 않게 만드는 경향이 있다. 예를 들면 당신은 유명한 연구자인 마이클 조단의 논문을 찾고자 하지만, 클릭의 대중성에 기초하고 있는 검색 엔진들은 그를 완벽하게 무시하고 농구선수인 마이클 조단을 보여 준다. 반면 전문적 청중을 위해 만들어진 다른 검색 엔진들은 어떤 사용자들을 위해서는 잘 운영되지만, 농구 선수를 찾는 청중들을 위해서는 똑같이 잘 운영되지 않는다. 검색 엔진의 데이터베이스 속에 들어 있으면서 인스톨되어 있는 테크닉이나 문서의 선택은 자신의 관점을 명백하게 결정해 두고서 사용자에게 그 결과를 제시한다.

가장 큰 검색 서비스 제공사인 잉크토미(Inktomi) 소속 과학자인 고든 리오스는 이 상황을 다음과 같이 요약한다.

우리는 합리적인 질의어 검색에서 텍스트와 사용자의 클릭 행위, 링크의 구조, 그리고 주해를 이용하면 그 결과는 약 20-30퍼센트 정도의 정확성을 지닌다고 주장하는 모든 주요 검색 엔진들에 대해 대규모의 내부 연구를 수행하였다. 우리는 정보의 모든 자원들을 이용하여 복잡한 통계 모델을 생성함으로써 보다 발전적으로 연구를 수행했다. 그러나 이 일에 종사하는 대부분의 사람들은 그 어떤 검색 시스템의 성과에 대해서도 '거대한 벽을 두드리고 있는' 기분이었다.[23]

희망하는 목표가 30퍼센트라는 것은 별로 놀랍지 않다. 우리는 상식을 이해하지 않고서는 관련성을 이해하지 못하며, 세계와 신체가 어떻게 얽혀 있는가를 이해하지 못하고서는 상식을 이해하지 못함을 살펴보았다. 신체에 기반한 의미와 관련성을 인간의 지각과 유사하도록 만들어야만 웹상의 모든 검색 테크닉들은 부족하나마 운용 가능하다. 신체가 없으면 상식도 존재하지 않는다. 이것은 검색 엔진들이 컴퓨터의 검색을 통해 주어진 사용자의 관심사에 적합한 정확한 정보를 찾아 줄 것이라는, 일종의 성배찾기와도 같은 원대한 목적과 너무나 동떨어져 있다는 것을 의미한다. 심지어 검색 엔진들은 관련성의 차원에서도 작동하지 않는다.

돈 스월슨은 이 점을 다음과 같이 간결하게 요약한다.

지속적으로 유효한 완전히 자동화된 색인달기와 검색은 가능하지 않다. 관련성의 판단은…… 우리가 누구인가, 우리는 무엇인가, 우리는 어떤 세계에 살고 있는가, 왜 우리는 그 정보를 원하는가 등에 대한 지식을 수반한다. 한 메커니즘이…… 그러한 자아에 대한 정보를 확보할 수 있거나, 그 메커니즘에 그러한 정보를 입력할 수 있다거나, 혹은 자아에 대한 정보 없이 일을 잘 수행해 낼 수 있다고 생각하는 것은 거의 불가능하다.[24]

그렇다면 사이버스페이스에서 의미를 포착하는 신체의 능력이 수반되지 않는다면, 관련성은 존재하지 않는 우리의 손가락들 사이로 빠져 나갈 것이다. 이렇게 된다면 '사람들'은 어떻게 관련성을 인지할 수 있는가? 그러므로 내가 이 장에서 제안하고자 하는 것은, 세계는 수십억 개에 이르는 사실들을 총괄해 놓은 의미 없는 집합체가 아니라 오히려 신체와 욕망·관심·목적성을 지닌 우리와 같은 존재를 위해, 그리고 우리와 같은 존재에 의해 조직화된 의미의 장이라는 것이다. 이것은 어떤 주어진 순간에 우리에게 관련 있는 것을 말해 주는 두뇌의 신비를 밝히고자 하는 것이 아니다. 세계가 최소한 탈신체화된 컴퓨터가 아니라, 신체가 있는 능동적 에이전트를 위해 그 에이전트에 의해 조직화된다는 것이 당연하다면, 세계를 의미 있게 만들고 원하는 정보를 발견하는 데 있어서 커다란 우선적 우위를 점하는 것은 우리 자신이다. 확실한 것 하나는 웹이 성장하면서 신체를 떠나서 통사적인 웹 크롤러와 검색 엔진에 의존하게 된 네트의 이용자들이 원하는 정보를 발견하기 위해 정보 쓰레기더미를 뒤지는 일을 그만두게 될 것이라는 점이다.

II

교육과 원격 학습은 얼마나 다른가?

매년 배가되는 지식과 더불어 '전문 지식'의 현재 저장 수명은 며칠 단위로 조정된다. 모든 사람은 학습자이자 교사가 되어야 한다. 그리고 순수한 의미의 도전적 학습은 모든 정신과 모든 지식을 연결해 주는 범지구적 차원의 네트워크를 통해서만 이루어질 수 있다. 나는 이 새로운 테크놀로지의 물결을 '하이퍼 학습'이라고 부른다……. 그것은 단 하나의 장치나 과정이라기보다는 지능을 소유하고 강화하는 새로운 테크놀로지의 세계이다. 하이퍼 학습에서 하이퍼는 단순히 새로운 정보 테크놀로지의 놀라운 속도와 영역만을 지칭하는 것이 아니라 지식과 경험, 그리고 (인간과 비인간 모두의) 두뇌를 전례 없이 밀접하게 연결시키는 정도를 지칭한다……. 오늘날의 테크놀로지는 가상 공간을 통해 시간과 장소에 구애받지 않고서 심각한 장애가 없는 모든 사람에게 어떤 분야에 관해서든 A등급의 학습을 가능하게 한다.

루이스 J. 퍼를먼, 《학교의 바깥》

기존 제도의 역기능을 답습하기 위해 많은 돈을 투자하여 기계 장비를 사지 않도록 하라. 예를 들면 인터넷은 학교의 문제점을 해결해 주지 않는다. 인터넷은 학교의 문제점을 개선하기 위한 보다 더 크고 복잡한 계획의 일부일 수도 있을 것이다. 그러나 인터넷 연결 장비만을 사는 것은 확실히 재화의 낭비 이상이 될 수 없을 것이다.

필 아그레, 《텔레매틱스와 정보학》

1922년 토머스 에디슨은 "동영상은 우리의 교육 제도를 혁명적으로 변화시킬 것이며, 2-3년 내에 영화는 교과서를 완전히 대체하지는 못해도 많은 부분을 대신할 것이다"라고 예견했다. 23년 후인 1945년 클리블랜드 공립학교 라디오 방송국장인 윌리엄 레벤슨은 "휴대용 무선 수신기가 칠판만큼 일반화될 것이다"라고 주장했다. 다시 40년 후, 유명한 심리학자 B. F. 스키너는 1950년대 후반과 1960년대 초반 '교육 기계'를 언급하면서, "교육 기계와 강의 프로그램 덕분으로 학생들은 일반 강의실에서와 같은 시간과 노력을 투자하여 두 배의 효과를 낼 수 있을 것이라고 나는 조만간 말할 수 있을 것이다"고 했다.[1]

20년 동안 컴퓨터는 교육을 부흥시킬 새로운 테크놀로지로서 격찬을 받았다. 1980년대에 컴퓨터는 가정교사이자 학생인 동시에 훈련교관으로 제안되었다. 하지만 이 생각들 중 실현된 것은 아무것도 없는 것 같다.[2] 현재는 강력한 월드 와이드 웹 덕분으로 학생들이 집에서 전세계의 위대한 교사들에게 가르침을 받을 수 있는 교육이 21세기에는 가능해질 것이라고 한다.

미국에서 영향력 있는 많은 사람들은 인터넷의 발달이 우리의 최근 교육 제도의 문제점들을 해결해 줄 것이라고 믿는다.[3] 중등교육 단계에서 우리는 주입식 수업이나 불완전한 하부 구조, 하향 평준화를 더 이상 걱정할 필요가 없을 것이고, 대학 단계에서 우리는 지나치게 많은 학생수, 값비싼 종합대학의 한정된 정원, 새로운 기술의 필요성으로 인한 끊임없는 재교육의 필요성 등을 떨쳐 버릴 수 있을 것이다. 새로운 테크놀로지가 올바른 방식으로 사용되고 사람들이 관련된 정보 테크놀로지를 체득하기만

한다면, 모든 사람에게 최상위의 교육이 모든 곳에서 가능해질 것이라고 그들은 주장한다.

이러한 비전을 충족하기 위해 많은 작업이 진행중이다. 1993 년에서 1997년까지 연방커뮤니케이션위원회의 의장을 역임했고, 1996년의 텔레커뮤니케이션 법령 시행을 주재했으며, 세계 무역기구 텔레커뮤니케이션 협정을 교섭하는 데 도움을 준 리드 헌트는 네트가 교육을 변형시킬 수 있는 힘을 가지고 있다는 데 대해 전혀 의심을 품거나 유보 조항을 달지 않는다. 그는 실제로 그러한 전망에 도취되어 있다. 그는 자신의 책임하에서 다음과 같은 사항들이 진행되었다는 사실에 자부심을 느낀다.

미국은 유치원에서 고등학교에 이르기까지 더 나은 교육을 위해 가장 거대한 전국 단위 프로그램을 시작했다. 즉 스노우-록펠러 개정안(Snowe-Rockefeller Amendment)에서 1996년의 텔레커뮤니케이션 법령에 이르기까지, 이것은 현재 전국의 모든 강의실에 인터넷을 설치하기 위해 40억 달러에 달하는 자금을 새로이 투자하게 된 원동력이다.[4]

이어서 그는 승리감에 차서 다음과 같이 말한다.

필라델피아의 시장은 그의 전생애에서 이 특별 프로그램이 연방 정부가 이룩한 가장 중요한 성과라고 말했다. 루디 줄리아니는 이 프로그램이 뉴욕의 교육을 변화시킬 것이라고 말했다. 나는 모든 도시의 시장들에게 같은 이야기를 들었다. 시골 지역에도 같은 메시지가 곧 도착할 것이다.

네트가 구체적으로 교육에 어떤 영향력을 행사하기에 이렇게 흥분하는지 알기는 어렵다. 그리고 교사와 학생들이 인터넷의 가설로 인해 무엇을 할 수 있을 것인가에 대한 헌트의 설명은 더욱 난해하다.

이 프로그램은 유치원에서 고등학교까지의 교육을 변화시킬 것이다. 우리가 지금까지 취해 온 관점은 다음과 같은 것이었다. 교사들은 학생들과 격리되어야 한다……. 우리는 어떤 아동에 대해서도 최신 정보를 얻어서는 안 된다……. 아동들이 어떻게 하고 있는지 부모와 교사들간의 대화를 나누는 것을 불가능하도록 해야 한다. 정보는 독점하거나 은닉하거나 폐기되어야 한다. 정보는 창조되어서도 공유되어서도 개발하거나 학습되어서도 안 된다. 우리는 원격 학습을 극단적으로 값비싸게 만들어서 원격 학습이 힘들어지도록, 기술적으로는 서툴게, 경제적으로는 보급 불가능하도록 만들어야 한다.

의심할 여지없이 네트는 이 모든 것을 바꾸었다. 다시 말해 공립학교에 관한 한 40억 달러로 우리가 얻을 수 있는 모든 것은 교사·행정가·부모를 연결할 수 있는 효율적인 전자 메일 체계이며, 학생들에게는 수많은 온라인 정보에 접근할 수 있도록 하는 것이다. (어떤 종류의 원격 학습이 언급은 되지만 설명되지는 않는다.) 그러나 중등 교육과 관련된 '통신 방식'의 변형이 교실의 교육 현장과 어떤 관계가 있는지 알기는 어렵다. 그런데 '교육 방식'의 어떤 변화가 예정되었기에 이렇게 흥분하는가?

우리가 앞으로 살펴보겠지만 이들의 주장은 종합대학들에 대해서는 보다 구체적이다. 하지만 똑같이 별 관련성은 없다. 헌트는 이어서 다음과 같이 말한다.

나는 나의 옛 학교인 예일대학교로 돌아갔다. 한 전문 학부의 학부장이 나에게 말했다. "첫째, 대학의 역사적이고 일차적인 목표는 도서관을 육성하여 학자들이 도서관을 중심으로 모이게 하는 것이다. 둘째, 학자들은 다른 학자들과 만나서 연구하고 대화를 나눌 수 있어야 한다. 셋째, 총명한 사람들이 검증받을 수 있는 인준 시스템이 있어야 한다. 예일대학교 A등급, 매디슨에 있는 위스콘신대학교 A등급 등. 넷째, 대학은 조용한 명상의 장소여야 한다."

정보화 시대로 들어서면서 위에서 본 대학의 네 가지 목표는 위기에 처했다기보다는 무효가 될 것이다. 손가락 끝을 몇 번 움직임으로써 전세계의 도서관을 이용할 수 있다면 굳이 집 밖의 도서관으로 가야 할 이유는 없다. 학자들도 다른 학자들을 굳이 직접 만나야 할 특별한 이유가 없다. 오늘날 고등 교육의 현실을 제대로 파악한다면 서로 상호 작용할 수 있는 학자들의 공동체는 네트상에 있다. 학자들은 더 이상 직접 만날 필요가 없다……. 그리고 인준의 경우, 인터넷이 인준 체계를 근본적으로 매개해 주지 않는다면 인준 체계가 얼마나 오래 지속할 것인가? 그리고 마지막 목적인 조용한 명상의 장소의 경우, 당신이 살고자 하는 바로 그 장소에 당신이 머무는 것보다 더 조용할 수는 없다.

그러므로 이 학부장이 제기한 예일대학교에 대한 총체적 인식이 위기에 처했다는 것이다.

헌트가 언급한 학부장의 네 가지 사항에서 놀랄 만한 것은 학생들의 교육을 위한 대학의 역할에 대해서는 한마디도 언급하지 않았다는 것이다. 일단 학자들이 정보를 모으고, 서로 대화를 나누거나 혼자서 연구하는 방식으로 대학 교육을 정의한다면, 학자들은 굳이 서로를 직접 만날 필요가 없을 것이고, 그런 경우에 대학의 전망은 네트로 쉽게 이전될 수 있을 것이다.

학부장이 간과했던 학생들의 문제를 언급하면서 헌트는 학생을 정보의 소비자로서 간주한다.

인터넷이 모든 것을 매개하지는 않는다. 대학 자체가 소비자인 학생에게 지식을 파는 상인인 이상 인터넷은 (대학과 학생을) 매개해 주지 않는다. 현재 필요한 모든 것은 사람들로 하여금 옛 체계를 폐기하고 새로운 인터넷 교육 체계를 신뢰하도록 만드는 것이다.

교육이 많은 정보를 가지고 있는 사람에게게서 단순히 정보를 전달받는 것이라면 웹이 효율적인 것은 당연하다. 그러나 비디오테이프나 어떤 리코딩 매체 역시 똑같이 효율적이다. 그러므로 원격 교육은 정보와 정보의 소비 이상의 의미를 가져야만 한다. 그렇지 않다면 인터넷에 녹음된 강의를 올리는 것만으로는 사실 아무런 의미가 없다. 헌트는 엘리트대학을 지양하고, 개별 학자와 모든 사람을 위한 교육에 무게를 둔다.[5] 하지만 그는 네트가 모든 것을 매개하지 않는다면 교육이 어떠해야 하는지 도움이 될 만한 논평을 하지 않는다.

물론 많은 교육자들은 정반대의 견해를 지니고 있다. 즉 대학은 교육에 종사해야 하며, 교육은 교사와 학생간의 직접적인 상호 작용을 요구한다는 것이 그것이다. 예를 들면 오베를린 칼리지의 학장인 낸시 다이는 "학습은 면 대 면 접촉과 시간을 요하는 심오한 사회적 과정이다. 이것은 학생과 교수가 상호 작용해야 한다는 의미이다"[6]라고 확신한다. 이와 유사하게 《뉴욕 타임스》는 "미국 교사 연맹(American Federation of Teachers)은 '교육자로서의 모든 경험으로 미루어 대학생들에게 공유 공간이자 인간적 공간인 캠퍼스에서 가르침을 받고 배우는 것이 필수적이다'라고 원격 교육의 불모성을 비판한다"[7]고 보도했다.

그러나 어느쪽의 주장도 타당해 보이지는 않는다. 이 양자는 서로에게 냉담하고 상호 논쟁도 벌이지 않는다. 이러한 상황에서 우리는 원격 교육의 새로운 가능성에 토대를 두고 조심스럽게 교육을 살펴보면서 다음과 같이 질문할 필요가 있다. 원격 교육이 학생들에게 다양한 영역에서 훈련받은 훌륭한 시민이 되도록 필요한 기능을 획득할 수 있게 해주는가? 아니면 학습이란 실제로 면 대 면 대면만을 필요로 하는가? 그것이 사실이라면 왜 그런가? 교실과 강의실·세미나실은 교육과 어떤 상관 관계가 있으며, 어느곳에서든 기능을 배울 수 있는가?

첫째, 우리는 기능이란 무엇인지, 기능은 어떻게 획득되는지 명확히 할 필요가 있다.[8] 그래서 원격 학습과 관련된 상반되는 양측의 주장을 평가하기 이전에 나는 간단하게 학생들의 학습 단계를 교수(instruction), 연습, 그리고 특정한 영역과 일상 생활에서 전문가가 되기 위한 견습 기간으로 구분하여 각 단계에서 웹이 얼마나 효과적인가, 얼마나 유망한가를 질문할 것이다.

1단계: 초심자

교수 과정에서 강의자는 우선적으로 작업 환경을 컨텍스트와 무관하게 몇 가지 요소들로 나누어서 필요한 기능을 알지 못하는 초심자들이 그 특징을 인식할 수 있도록 한다. 그러면 초심자는 이 특징들에 기초해서 주어진 규칙에 따라 어떤 조치를 취해야 하는지를 배운다. 이것은 컴퓨터가 프로그램에 따라 작동하는 바와 마찬가지이다.

나는 사례를 통해 설명하기 위해 기능을 세 개의 다른 분야로 나누어 고찰할 것이다. 즉 운동 기능, 지적인 기능, 그리고 강의실의 기능이 그것이다. 자동차 운전을 배우는 학생은 속도계에 의해 표시되는 속도의 특징, 속도계 바늘이 10을 가리킬 때 2단 기어로 변화시켜야 한다는 등 각각의 독립된 규칙을 배운다. 체스를 처음 배우는 사람은 말의 위치에 상관없이 각 말의 종류에 따른 숫자로 나타나는 가치를 배우고, 그 다음에 규칙을 배운다: "상대의 말이 자신의 말보다 가치가 높다면, 상대의 말과 자신의 말을 교환하라." 체스 경기자가 자신이 유리하도록 말을 교환할 수 없다면 중앙부를 통제해야 한다. 그리고 사각형으로 된 중앙부를 규정하는 규칙과 중앙부의 계산 범위를 규정하는 규칙을 배운다.

교실과 강의실에서 교사는 학생들이 특정한 영역을 이해할 수 있도록 필요한 사실과 절차들을 제공한다. 학생들은 그 특징들을 인식하는 것을 배우고 절차에 따라 반복 연습하고 실습한다. 학생들이 단순히 정보의 소비자라면, 이 단계까지는 굳이 교사와 학생이 한 교실에서 만날 필요는 없다. 그러므로 헌트의 주장은 이 단계에서는 옳다. 각각의 학생은 편리한 장소와 시간에 자신의 컴퓨터 터미널을 이용하여 배우면 된다. 확실히 인터넷은 이런 방식으로 보다 향상된 통신 강좌를 제공할 수 있지만, 이 정도는 네트 열광론자들의 목표가 아니다.

어떤 경우에도 규칙만을 알고 규칙만을 따르는 것으로는 현실 세계에서 훌륭하게 일을 수행할 수 없다. 언덕을 오를 때나 차에 너무 많은 짐을 싣고 있을 때, 너무 빨리 기어를 바꾸면 차의 시동은 꺼진다. 점수를 얻기 위해 말을 계속 교환하는 체스 경기자는 전략적 이점을 확보하기 위해 가치 있는 말을 포기하는 상대방의 덫에 걸릴 수 있다. 언어나 과학을 이해하는 것은 관련된 규칙이나 요소를 암기하는 것보다 어렵다. 학생은 사실만을 파악해야 하는 것이 아니라, 그 사실이 어떤 맥락에서 의미를 가지는지를 파악해야 한다.

2단계: 상급 초심자

초심자가 실제 상황에서 그 맥락을 이해하기 시작한다면, 그는 그 상황이나 그 영역의 여러 양상들의 의미를 명쾌한 예를 통해 인식하기 시작할 것이다. (혹은 강의자가 도와 줄 것이다.) 충분한 사례를 검토한 후, 그 학생은 새로운 양상을 인식하는 법을 배운다. 이때 강의의 '좌우명'은 경험에 기초해서 인식되는 새로운 상황의 '양상들' 뿐만 아니라 초심자가 인식할 수 있는 객관적으로 정의된 비상황적 '특성들' 도 지칭한다.

상급 초심자인 운전자는 기어를 변속할 때 속도(비상황적)뿐만 아니라 엔진 소리(상황적)도 이용한다. 그는 다음과 같은 좌우명을 배운다. 즉 레이스를 할 때처럼 모터가 소리를 낼 때 기어를 올리고, 끌리는 듯한 소리가 날 때 기어를 낮춘다. 엔진 소리는 특성의 목록만으로 정확히 포착될 수 없다. 일반적으로는 특성을 익히는 것만으로 몇 가지 선택된 사례를 통한 관련된 상황의 학습을 대신할 수 없다.

경험을 쌓은 체스 경기자는 지나치게 멀리 뻗어 나간 말의 위치와 그것들을 피하는 방법을 인식하는 것을 배운다. 유사하게 체스 경기자는 상황과 무관한 정확한 규정이 없어도 킹의 위치가 약화되거나 폰의 구조가 강화된다든가 하는 등, 말의 위치에 따른 상황적 양상들을 인식하기 시작한다. 이때 경기자는 다음과 같은 좌우명을 따른다. 약화된 킹의 사이드를 공격하라. 하지만 '좌우명'은 규칙이 아니기 때문에 경기자는 좌우명이 어떤 영역에서 적용되는가를 이해해야 한다.[9]

학교에서는 아무리 단순한 정보도 상황 속에서만 의미가 있다. 학생이 그 정보가 왜 중요한지 이해해야 하기 때문이다. 강의자는 학생들이 자료를 조직하고, 어떤 상황에서 그 자료가 의미가 있는가를 인식하고 선별하도록 도와 주는 코치의 역할을 맡는다. 컴퓨터 터미널 앞에 수동적으로 앉아 있는 학생들에게도 이를 제시해 줄 수 있지만, 강의자가 면 대 면으로 현재 상황의 양상을 학생들에게 지적해 줄 때, 학생들은 보다 효과적으로 주어진 좌우명을 활용할 수 있다. 여기서 교사와 학생이 사고나 행위의 실제 상황에 노출되어야 할 필요가 있다.

그러나 이 단계에서 학습은 원격 학습이든 면 대 면 학습이든간에 학생이 교수 과정을 따라서 사례를 익힌다면, 객관적인 정신의 분석적 틀 속에서 이루어질 수 있다. 하지만 여기서 한 단계 더 나아가기 위해서는 특정한 종류의 몰입이 요구된다.

3단계: 능숙성

보다 많은 경험을 축적한 학습자가 인식하고 이해할 수 있는 잠재적으로 관련성이 있는 요소들과 절차들의 수는 압도적으로 많아진다. 따라서 특정한 상황에서 무엇이 중요한지 알지 못한다면, 학습은 아주 신경 쓰이고 피곤한 작업이 된다. 그러므로 이 단계에서 학생은 어떻게 기능을 완전히 습득할 수 있을지 의문을 느낄 수 있다.

이러한 과도함을 극복하고 능숙해지기 위해 학생들은 교수 과정이나 경험을 통해 계획을 세우거나 관점을 선택함으로써, 어떤 영역이나 상황에서 어떤 요소들이 중요하고 어떤 요소들이 무시되어야 하는지 판단하는 법을 배운다. 학생들은 관련성 있는 수많은 특징들과 요소들의 경우의 수에서 단 몇 가지만을 선별해 내는 법을 배움으로써 보다 쉽게 상황을 이해하고 판단한다.

능숙한 수행자는 당연히 어떤 계획이나 관점을 결정하기 위해 합리적인 절차와 규칙들을 찾는다. 그러나 이것은 초심자들이 지침서나 강의록에서 규칙이나 좌우명을 찾아내는 것만큼 어려운 일이다. 실제로 어떤 기능 영역에서도 수행자는 미세한 방식에서 차이가 나는 수많은 상황을 접한다. 사실상 명명된 것이나 정확하게 정의된 것보다 더 많은 상황이 존재한다. 따라서 학습자를 위해 가능한 상황의 목록이나 각 상황에서 어떻게 해야 하는지, 무엇을 찾아야 하는지 등을 일일이 알려 줄 수는 없다. 그러므로 학생들은 자신의 판단에 확신을 하지 못하더라도 스스로 어떤 계획이나 관점을 선택해야 한다.

불확실한 상황에서 수행은 사실 소모적이라기보다는 불안한 것이다. 이전의 단계에서 규칙이 작동하지 않았다면, 수행자는 그의 오류에 대해 자책감을 느끼기보다 그가 올바른 규칙을 적용하지 못했다고 합리화할 수 있을 것이다. 그러나 이 단계에서 학습자가 선택한 관점에 의해 결과가 결정되기 때문에 학습자는 자신의 선택에 책임감을 느낀다. 종종 선택은 혼란과 실패로 이어진다. 하지만 수행이 성공적으로 이루어졌을 때 능숙한 학습자는 초심자가 경험하지 못한 자신감을 느낀다.

능숙한 운전자는 진입 램프의 곡선 간선도로를 지나면서 차의 속도에 맞춰 기어를 변속할 줄 안다. 속도, 도로 표면의 상태, 그리고 적절한 타이밍을 고려하고서 그가 차를 너무 빠르게 운전하고 있지는 않는지를 판단한다. 그 다음 그는 액셀러레이터를 밟지 말아야 할지, 액셀러레이터에서 완전히 발을 떼야 할지, 브레이크를 밟아야 할지를 결정하고, 정확히 언제 이러한 행동을 취해야 할지를 판단해야 한다. 곡선도로를 성공적으로 주행한다면 그는 안도할 것이고, 바퀴가 미끄러진다면 동요할 것이다.

여기서 능숙하다고 분류된 A급 체스 경기자는 상대방 킹의 방어를 약화시키는 위치를 연구한 후에 킹의 공격이 성공 가능한 목표인지 판단한다. 그가 공격을 선택한다면 공격으로 자신의 위치가 약해진다는 것을 무시하는 것이고, 또한 말의 상실이 공격에 필수적이지 않다고 판단하는 것이다. 상대방의 킹을 보호하는 말들은 역동적이 된다. 공격하지 않는 말들은 잡아먹힐 것이다. 따라서 공격 타이밍은 대단히 중요하다. 그가 너무 빨리 혹은 너무 늦게 공격한다면 말들은 헛되이 죽을 것이고, 게임에서 거의 패배할 것이 확실하다. 성공적인 공격은 행복감을 낳는 반면, 실수는 명치 끝을 저리게 할 것이다.

만일 우리가 탈신체화된 존재라면, 우리는 혼란스러운 감정과 무관하고 성공과 실패로 인한 감정적 변화가 없는 순수 정신으로서 이러한 진지함과 흥분은 없을 것이다. 컴퓨터와 마찬가지로 우리도 목표를 가지고 있고, 그 목표 달성에 성공하기도 하고 실패하기도 할 것이다. 그러나 존 호거랜드가 프로그램된 체스 기계에 대해 말한 바처럼 순수 정신도 목적을 추구하지만, 기계가 승리하더라도 순수 정신은 비난하지 않는다. 그러나 우리와 같이 신체가 있고 감정적인 존재에게 성공과 실패는 문제가 된다. 그래서 학습자는 자신의 선택 결과에 따라 자연적으로 공포에 질리거나 의기양양하거나 실망하거나 낙담한다. 능숙한 학생은 정서적으로 보다 몰입하게 됨으로써 물러서거나, 상급 초심자처럼 객관적인 좌우명을 따르는 자세를 취하기가 점점 어려워진다.

그러나 학생들은 학습 과정에서 왜 정서적 스트레스를 받는가? 우리 서구인들은 스토아학파, 특히 데카르트 이후로 감정을 다스리고 가능한 한 객관적이며 초연한 존재가 되는 법을 배워오지 않았던가? 합리적 동기 부여, 객관적 거리, 정직한 평가, 열심히 노력하는 것이 전문 지식을 획득하는 데 최상의 방법이 되지 못하는가?

몰입은 객관적으로 규칙을 시험하는 것을 방해하고, 비이성적으로 만들며, 더 나은 기술적 발전을 저해하는 것처럼 보이지만 이 경우는 사실상 그 정반대이다. 파트리시아 베너는 기능 습득의 각 단계별로 간호사들을 연구했다. 피훈련자가 정서적으로 몰입하여 일을 잘 수행했을 때 기쁨을 느끼고 잘못되었을 때 자책감을 느끼지 않는다면 그 사람은 더 이상 발전하지 못하고, 현대 의학이 요구하는 모든 특징과 양상들·규칙들과 좌우명들만을 좇다가 마침내 완전히 지쳐 버린다는 것을 그녀는 발견했다. 몰입하지 않고 위험을 감수하지 않는다면 그 사람은 침체의 늪에 빠지고, 궁극적으로 나태와 퇴보를 낳는다.[10]

학생들은 교사를 모델로서 모방하는 경향이 있기 때문에 교사가 어떤 역할을 하느냐에 따라 결정적으로 학생들로 하여금 탈신체화된 정신 속으로 들어가 버리도록 할 수도 있고, 학습 상황에 보다 더 정서적으로 몰입하도록 만들 수도 있다. 교사가 몰입하여 진리를 추구하고, 과감한 가설과 해석을 생각하며, 개방적으로 학생들의 제안과 반대 의견에 귀 기울이고, 또한 그의 선택이 정당한 결론과 행위를 도출하는가에 대해 정서적으로 매달린다면 학생들은 자신의 성공과 실패를 자신의 문제로 삼고, 이 결과를 이끌어 낸 선택을 다시 실행할 것이다.

교실과 강의실에서 이러한 이해 관계는 중요한 체스 게임에서 패배할 수 있는 위험이나 운전하면서 사고를 당할 위험보다는 덜 극적이다. 그러나 한 생각을 제안하고 옹호하는 위험을 받아들이는지, 그리고 그것의 실패 여부를 알아내는 것은 가능하다. 학생들이 각 가정의 컴퓨터 터미널 앞에 앉아 있다면 그러한 위험에 몰입할 여지는 없다. 반대로 원격 학습 추진자들이 말하는 시간과 장소에 관계 없이 모든 사람이 강의 자료를 이용할 수 있다고 생각되는 익명의 정보 소비자를 위한 통신 강의 모델에서 이러한 몰입은 불가능하다. 설령 우리가 상호 작용적 비디오와 같이 정해진 시간에 모든 학생들이 동시에 교수의 강의를 듣고, 강의를 듣는 모든 학생이 다른 학생의 질문을 들을 수 있다고 가정한다 해도 각각의 학생은 모두 익명이다. 따라서 이러한 수업에서 학생들은 자신이 빛을 발하든 바보같이 앉아 있든, 어떤 위험도 감수하지 않아도 된다. 학생의 의견에 교수가 찬성하든 반대하든, 이것은 정서적 무게를 수반할 수는 있지만, 그 교수를 한 번도 만난 적이 없고 그와 같은 공간에 있지 않다면 학생들은 교수의 반응에 훨씬 관심이 없을 것이다. 그러므로 다이 총장이나 미국교수연맹과 같이 생각하는 사람들은 옳을 수 있다. 신체의 문제에 관한 한 네트의 한계——면 대 면 학습——는 당연히 학생들을 능숙성 이상의 능력을 발휘할 수 없게 만들지도 모른다.

4단계: 숙련성

초심자, 상급 초심자와 원격 학습자는 정보를 소비하는 자세를 초연하게 버리고, 그것에 몰입하게 되는 경우에만 그들은 더 많은 발전을 이룩한다. 긍정적이거나 부정적인 결과에 정서적으로 반응하게 된다면, 즉 성공적인 수행에 반응함으로써 그 수행을 보다 강화할 수 있으며, 수행이 실패한 경우에는 그 이유를 생각하게 한다. 또한 한 기능에 대한 수행자의 이론은 규칙과 원칙들의 적용에서 점차적으로 관련된 반응을 수반하는 상황적 판단으로 바뀐다. 숙련성은 오로지 이러한 신체화된 반이론적인 방식으로 경험을 쌓을 때 계발되는 듯하다. 그리고 이렇게 되어야만 직관적인 반응들이 합리적인 반응으로 대체될 수 있다.

이것은 일반적으로 행위가 수반되는 경우에 가장 명확히 드러날 수 있다. 수행자가 다양한 상황 판단 능력을 몰입을 통해 획득하게 된다면, 굳이 학습자가 다시 뒤로 돌아가 계획이 제대로 되었는지 바른 관점을 취했는지 판단할 필요 없이 계획을 환기하고 어떤 중요한 양상들을 인식할 것이다. 이때 학습자는 가능한 몇 가지 경우의 수 중 하나를 선택하는 확률적 절차를 이용하지 않고서 무엇이 필요한지 간단히 알 수 있게 된다. 따라서 그는 일을 훨씬 수월하게 처리하고, 스트레스를 덜 받을 것이다. 이것은 복잡한 경쟁에서 승리해야 하는 것이 아니기 때문에, 분명한 목표를 지니고 있다면 성취하고자 하는 바가 적절한가에 대한 판단도 훨씬 명확해질 것이다.

이 단계의 기능 획득을 이해하기 위해서 우리는 경험 있고 몰입하는 수행자가 목표와 그 중요한 양상들을 인식하지만, 이를 성취하기 위해 무엇을 해야 하는지는 모른다는 것을 기억해야 한다. 반응할 수 있는 방식보다 진행되고 있는 바를 알 수 있는 방식이 훨씬 더 적기 때문에 이것은 불가피하다. 숙련된 수행자는 아직 충분한 경험이 없기 때문에 현재 그가 판단하고 반응해서 나올 수 있는 결과의 가능한 경우의 수가 너무나 많다. 그러므로 숙련된 수행자는 현재의 상황에서 무엇이 핵심적인지 무엇이 중요한 양상인지를 먼저 판단한 후 무엇을 해야 할 것인가를 여전히 '결정'해야만 한다. 그리고 이 단계에서 그는 여전히 주어진 규칙과 좌우명에 따라서 결정 내려야 한다.

비 오는 날 곡선도로를 주행하는 숙련된 운전자는 자신이 위험할 정도로 빨리 달리고 있다는 것을 '본능적으로 감지'할 수 있다. 이때 그는 브레이크를 사용해야 할지, 아니면 단순히 액셀러레이터를 살살 밟아야 할지 '결정해야' 만 한다. 결정을 내리는 동안에 적절한 타이밍을 놓칠 수도 있지만, 숙련된 운전자는 확실히 능숙한 운전자보다 훨씬 안전하게 곡선도로를 주행할 것이다. 주행중에 능숙한 운전자는 숙련된 운전자보다 속도와 좌우 경사각을 '생각하는' 데 시간이 더 많이 걸리고, 차의 속도가 빠른지 느린지 '판단하기' 위해 중력의 힘에 의존하기 때문이다.

대가로서 분류되는 숙련된 체스 경기자는 순간적으로 말의 위치와 종류에 대한 수많은 목록을 인지할 수 있다. 하지만 그는 어떻게 말을 움직여야 최상으로 목표를 성취할 수 있는가를 신중하게 생각해 보고 나서야 결정을 내릴 수 있다. 즉 그는 자신이 공격해야 한다는 것을 알고 있지만, 어떻게 해야 최선의 공격이 될 것인가를 계산해 보아야 한다.

이 단계의 학생은 어떤 문제를 해결해야 하는가는 알고 있지만, 그 해답을 찾기 위해서 생각하는 시간을 필요로 한다.

5단계: 전문가

'숙련된 수행자' 는 자신이 하고 있는 일에 몰입해 있기 때문에 어떤 일을 수행해야 하는지를 '알고' 있지만, 그것을 어떤 방식으로 해야 할지 '판단 내려야' 한다. '전문가' 는 물론 어떤 일을 성취해야 할지를 알고 있다. 상황 판단을 위한 수많은 정보를 지니고 있기에 그는 목적을 바로 성취할 수 있는 방식도 알고 있다. 그러므로 숙련된 수행자보다 전문가는 더욱 미묘하고 세밀하게 판단할 수 있는 능력이 있다. 많은 상황들(이것은 계획이나 전망과 유사하고 관련되어 있다) 중에서 전문가는 어떤 상황에서 어떤 반응을 해야 하는지 안다. 즉 수많은 상황들 중에서(이 모든 상황은 같은 관점을 요하는 것이 아니라 각각 다른 전략적인 결정을 요한다) 전문가는 한 반응을 요구하는 상황과 다른 반응을 요구하는 상황을 분류한다. 충분한 경험이 있기 때문에 전문가의 두뇌는 이 상황들을 집합으로 묶어서 구체적 반응을 요하는 하위 집합으로 반복해서 나누어 분류한다. 이렇게 함으로써 그는 직관적으로 상황에 반응한다. 이것이 전문가의 특성이다.

체스의 대가는 현재 상황의 문제점과 이 상황에서 말을 어떻게 움직이는 것이 최선인지 이 '두 가지' 모두를 동시에 느낀다. 뛰어난 체스 경기자들이 하나의 말을 움직이는 데 걸리는 시간은 주로 5-10초 정도이며, 이보다 더 빠르게 말을 움직여도 게임에는 별 지장이 없다. 이 정도의 속도는 그들이 거의 전적으로 직관에 의존하여 게임에 임한다는 뜻이며, 더 나은 선택을 위해 분석하고 비교하는 데 시간을 소모하지 않는다는 것을 알 수 있다. 따라서 전문가 수준의 체스 경기자는 거의 5만 개 정도의 상황 패턴을 구분한다고 추정할 수 있다. 전문가가 판별할 수 있는 상황의 집합은 경험에 기초한 것이며, 상대적으로 그 수가 대단히 많다.

전문가 단계의 운전자는 속도를 본능적으로 감지할 뿐만 아니라, 어떤 선택을 해야 할지 생각하고 비교해 보지 않고서도 적절한 행동을 수행할 수 있다. 교차로 램프에서 그는 액셀러레이터에서 발을 떼고, 브레이크에 적절한 압력을 가한다. 그는 단순히 취해야 할 행동을 취한 것이다. 아리스토텔레스가 말하는 바와 마찬가지로 전문가의 '즉각성'은 '적절한 방식으로 적절한 시간에 적절한 것을 하는 것'이다.

자료를 완전히 체득한 학생들은 현재의 문제에 대한 해답을 즉각적으로 찾는다.

이 단계에서 교사의 역할은 무엇인가? 학생은 주어진 과제에서 몇 가지 임의의 변이형을 학습한 후 자신의 학습이 향상되었는지 확인한다. 물론 이 몇 가지 임의의 변이형(이러한 변이를 지각할 수 있다면)이 완전히 임의적이지 않다면 학습은 더욱 쉬워질 것이다. 학습자가 그 분야에서 보다 뛰어난 사람의 수행을 관찰한다면, 그는 자신의 무작위적 선택을 보다 전망 있는 선택으로 대체할 수 있을 것이다. 따라서 전문가의 행위를 모방하고 관찰함으로써 임의적인 시도를 보다 효과적인 방식으로 대체할 수 있다. 일반적으로 이것이 견습생의 이점이다. 견습의 중요성은 특히 전문 학교에서 명확히 나타난다.

전문 학교의 목표 중 하나는 학교에서 배운 이론을 학생이 현실 세계에 적용할 수 있도록 하는 것이다. 견습 기간 없이 이론을 현실에 적용하기 위한 한 방법으로써 학교는 학생이 취직을 한 후, 직장에서 수행해야 하는 바로 그 환경을 시뮬레이션으로 만든다. 경영학부는 이러한 교수 방식의 한 사례를 제공한다. 미국의 경영관리학부의 지배적인 생각의 양상은 두 가지로 요약된다. 하나는 대부분의 강의가 이론에 초점이 맞춰지는 소위 분석적 학부에서 추구되는 양상이다. 이 경우는 직관적 전문가들로 구성된 유능한 실업가들을 거의 양성하지 못한다. 나머지 하나의 전통은 사례 연구에 기초하여 실제 현실적 상황을 놓고 학생들로 하여금 토론하고 기술하게 하는 것이다. 이것은 더 나은 결과를 낳는다.

그러나 전문가가 되기 위해서는 수많은 사례를 통해 공부하는 것만으로 충분하지 않다. 우리가 능숙성에서 숙련성으로 나아가는 양상을 살펴본 것처럼 많은 사례들은 학습자에게 틀림없이 아주 중요할 것이다. 모의 비행 실험 장치는 훈련생이 스트레스를 느끼고 상황의 위험을 감지해야만 효과가 있는 것이지, 단순히 앉아서 그 방식이 작동하는지, 무슨 일이 일어나는지를 생각만 하고 있다면 별 효과가 없다. 이와 마찬가지로 학생들은 정서적으로 몰입해야 한다. 그러므로 경영학부의 사례 연구에서 학생이 배워야 할 것은 단지 상황에 대한 객관적 기술이 아니라, 수석 관리자의 입장을 자신과 동일시하여 그의 고민에 찬 선택과 그 결과로서 생기는 기쁨과 좌절을 맛보아야 한다. 학생들이 단순히 정신만이 아니라 신체적·정서적으로 모두 반응한다면 시뮬레이션——특히 컴퓨터 시뮬레이션——은 유용할 것이다. 그러나 학생들이 보다 몰입할 수 있는 신뢰할 만한 방식은 학생들로 하여금 관련 기능 영역에서 직접 배울 수 있도록 하는 것이다. 따라서 우리는 다시 견습의 개념으로 돌아가야 한다.

주제가 순전히 이론적이라 할지라도 견습은 필요하다. 그래서 과학에서 박사후 연구원들은 훌륭한 과학자들의 실험실에서 연구를 함으로써 그들의 탈신체화된 이론을 현실 세계에 적용하고자 한다. 그들은 대가를 모방함으로써 연구가 잘 되지 않을 때 얼마나 참아낼 수 있는가, 각각의 다른 연구 상황에서 어느 정도의 정확성을 담보할 수 있는가 등의 규칙이 없는 능력을 배운다. 이론을 실천과 연계시키기 위해서는 이런 형태의 견습은 필수적이다.

합의된 이론이 존재하지 않는 분야인 인문학에서도 대학원생들은 다른 사람의 지도를 필요로 한다. 따라서 그들은 연구조교를 하면서 교육과 연구를 담당하고 있는 교수와 관련을 맺는다. 이 경우 교수는 텍스트나 여러 가지 문제를 다루는 자신의 방식을 보여 줄 수밖에 없다. 예를 들어 그는 자신이 잘못되었다는 것을 결코 인정하지 않는 공격적인 스타일을 보여 줄 수도 있고, 아니면 반대 의견을 권하고 그의 오류로부터 배울 수 있는 수용적인 스타일을 표명할 수 있다. 연구조교들이 선별적으로 모방하는 것은 무엇보다도 교수의 스타일이다. 물론 그들은 자신이 그렇게 모방하고 있다는 것을 인식하지 못할 수도 있다. 비트겐슈타인과 같은 영감을 주는 선생은 여러 세대에 걸친 학생들로 하여금 그의 질문 스타일을 모방하도록 했을 뿐만 아니라, 당황함과 절망감에 찬 그의 제스처들까지도 모방하게 만들었다.

6단계: 대가

스타일을 전수하기 위한 유일한 방편은 견습이다. 그러나 위의 과정을 거친 전문가가 단순히 대가의 스타일을 그대로 받아들인다면 견습은 아무런 의미가 없다. 견습이 진정 중요한 것이라면, 이러한 틀 내에서 새로운 스타일과 혁신적 능력이 어떻게 계발될 수 있는가? 음악가를 훈련시키는 것이 한 단서가 될 수 있다. 음악 연주가가 되려면 당신은 인정받는 전문가에게 견습을 받아야 한다. 거장을 모방할 수밖에 없다. 당신이 누군가를 존경하고 그와 함께 연습을 한다면 그의 스타일이 당신 스타일이 될 것이다. 하지만 견습생이 단지 대가의 복사판이 된다면 그것은 위험하다. 대가가 되려면 자신의 스타일을 계발해야 하기 때문이다.

음악가들은 창조적인 연주가가 되기 위해서는 한 명의 대가 밑에서 배우는 것보다 연속적으로 여러 명의 대가에게서 배우는 것이 낫다는 것을 경험으로 알고 있다.[11] 그러므로 견습생은 첫 번째 대가에게 배운 후, 다른 스타일의 대가와 같이 공부해야 할 필요가 있다. 사실상 그는 여러 명의 대가들과 같이 연습해야 한다. 중세의 장인들과 현대 공연 예술가들은 자신의 스타일을 충분히 계발하기 위해 다양한 실습 공동체들을 여행하면서 공부한다. 음악 교사는 학생들을 한동안 가르치고 난 다음에, 그 학생들을 다른 교사에게 안내한다. 이와 유사하게 대학원생들은 일반적으로 몇 명의 교수들 밑에서 조교를 한다. 그리고 젊은 과학자들은 몇 개의 실험실에서 일할 수 있다.

현대인인 우리는 여러 명의 교사에게 견습을 받아야 할 필요성을 오해하기가 쉽다. 예를 들면 음악 견습생이 운지법에 능한 한 대가에게 배우고 난 다음 구절법에 능한 다른 대가에게 가서 배우고, 강약법에 능한 다른 대가에게 가서 배워야 한다고 생각하는 경향이 있다. 하지만 이 문제를 구성 요소에 따라 기능을 나누는 것으로 오인해서는 안 된다. 오히려 각각의 대가들은 그 모든 기능을 다 가지고 있지만, 그 스타일은 완전히 다르다.[12] 한 견습생이 여러 명의 대가에게서 배운다는 것은 그가 한 특정한 대가의 스타일만을 모방하지 못하도록 견습을 혼란스럽고 불안정하게 만드는 것이다. 따라서 그는 자신만의 스타일을 계발해야 한다. 이러한 과정을 거쳐 그는 최고 단계의 기능을 성취한다. 이것이 바로 '정통하다'는 것의 의미이다. 하지만 원격 학습자는 이런 방식으로 그 분야에 '정통'할 수 없을 것이다.

7단계: 실천적 지혜

사람들은 특정한 영역의 전문가 스타일을 모방함으로써 기능을 습득해야 할 뿐만 아니라 아리스토텔레스가 말한 실천적 지혜(Practical Wisdom; 프로네시스(phronesis))라고 원어를 그대로 사용하기도 한다. 이것은 훌륭한 삶을 위해 좋고 이로운 것을 해내는 능력이라고 하며, 이 실천적 지혜는 경험을 통해서 얻어지는 것이고 도구적인 것이 아니라 본질적이고 맥락적이다)를 획득하기 위해 그들의 문화 양식을 습득해야만 한다. 아이들은 태어나자마자 그들의 문화 관습 속에서 전문가가 되는 것을 배우기 시작한다. 여기에서 아이들은 '간다'라는 단어에서부터 부모의 견습생이 된다.

문화 양식은 너무나 체화되고 광범위하기 때문에 우리는 이를 일반적으로 인식하지 못한다. 그래서 우리 문화 양식을 다른 문화 양식과 대조해 보고, 그것이 어떻게 학습되는가를 비교해 보는 것은 도움이 될 것이다. 사회학자들은 다른 문화 속의 어머니들이 아이들을 다른 방식으로 키운다는 것을 지적한다.[13] 예를 들면 미국의 어머니들은 아이들을 요람 속에 엎어 누이는 경향이 있다. 이것은 아이들을 더 많이 움직이도록 만들기 위해서이다. 일본인 어머니들은 그 반대로 아이들을 똑바로 누인다. 그래서 아이들이 조용히 누워 있을 수 있도록 해주고, 그들이 듣고 보는 모든 것을 즐기도록 한다. 미국 어머니들은 정열적인 몸짓과 목소리로 아이들을 격려하는 반면, 일본 어머니들은 보다 조용하고 진정시키는 태도를 취한다. 일반적으로 미국 어머니들은 유아를 누이는 방식이나 유아를 대하는 태도에서 아이들이 능동적이고 공격적 스타일로 행동하도록 유도한다. 대조적으로 일본 어머니들은 아이들을 보다 수동적이고 조화로움에 민감하도록 유도한다. 따라서 미국의 아기가 '미국적'이 되는 것은 미국적 양식 때문이며, 일본의 아기가 '일본적'이 되는 것은 상당히 다른 문화 양식 때문이다.

문화의 일반 양식은 아기가 자신과 다른 사람들, 그리고 사물들을 대하는 방식을 결정한다. 한 문화 양식에서 시작하여 다양한 실제들을 이해하고, 그 실제들이 지배적이 되면서 다른 것들은 종속적이 되거나 완전히 무시된다. 예를 들면 아기들에게 시끄러운 소리는 당연한 것이 아니다. 미국 아기의 경우, 시끄러운 소리는 아이가 소리를 지르거나 물건을 고의로 떨어뜨려서 부모가 그것을 주워 주도록 만드는 것이다. 하지만 일본 아기는 이런 종류의 시끄러운 소리는 다소 우연에 가깝다. 하지만 나는 일반적으로 시끄러운 소리는 아메리카 원주민의 레인스틱〔비 내리는 소리를 내는 타악기〕과 같이 달래고 진정시키는 기능으로 받아들여진다고 생각한다.

일단 우리가 문화 양식이 어떠한 것이 어떠한 것으로 간주되는 방식을 결정한다는 것을 이해한다면, 우리는 한 문화의 문화 양식이 아기들의 경우에만 해당되는 것은 아니라는 것을 알 수 있을 것이다. 각각의 문화권에 살고 있는 성인들 역시 전적으로 문화에 의해 완전히 형성된다. 일본과 미국의 문화를 한 예로 간단히 묘사하자면 일본의 성인은 만족스럽게 사회적 통합을 추구하는 반면, 미국 성인들은 개인적 욕망을 의식적으로 만족시키기 위해 노력한다. 이와 유사하게 일본의 기업과 정치 조직의 스타일은 통합·충성·합의를 생산하고 강화하는 것을 목적으로 하는 반면, 사업과 정치에 종사하는 미국인들은 기업·사업 혹은 다른 조직체가 자신을 파괴시킬 정도로 불안정하지 않다면 만족될 수 있는 욕망의 수를 최대화하고 모든 사람이 자신의 개성을 표현하기 위해 노력하는 '자유방임' 체계의 공격적 에너지를 존중한다.

신체에 내재된 상식을 이해하는 것과 마찬가지로 문화 양식 역시 너무나 체화되어 있기 때문에 하나의 이론으로 포착되거나, 해설자가 설명할 수 있는 내용이 아니다. 이것은 말을 통하지 않고, 단순히 신체에서 신체로 전달되는 것이다. 이것이 바로 우리를 인간으로 만들어 주며, 모든 다른 학습을 가능케 하는 배경을 제공한다. 아리스토텔레스가 말한 실천적 지혜——적절한 일을 적절한 시간에 적절한 방식으로 수행하는 일반적 능력——는 부모와 교사의 견습생이 됨으로써만 획득할 수 있다. 만일 우리가 신체를 벗어나 사이버 공간에서 살아갈 수 있게 된다면, 혹은 사이버 공간의 삶을 선택한다면 아이를 양육하면서 그들에게 다양한 문화 양식을 전수하는 것은 불가능해질 것이다.

결 론

총 7단계의 기술 습득 단계에서 첫 세 단계를 넘어서게 되면 몰입과 문제 제기는 필수적이다. 규칙과 절차를 따르는 전문가 체계에서 모라벡과 같은 미래학자가 상상하는 영원불멸의 신체와 초연한 정신은 기껏해야 능숙성의 단계에 도달할 수 있을 뿐이다.[14] 헌트와 같은 원격 학습 열광자들은 정서적이며 몰입할 수 있는 신체화된 인간 존재만이 숙달성과 전문가 단계에 돌입할 수 있다는 것을 이해해야 한다. 특정 기능을 가르치는 교사들은 반드시 신체를 수반하는 몰입을 촉구해야 한다. 게다가 견습을 통한 학습은 전문가의 존재를 요구하고, 우리가 우리의 문화 속에서 다른 사람들과 공유하고 있는 삶의 양식을 선택한다는 것은 우리에게 선임자의 존재를 필요로 한다는 것이다. 예이츠가 "인간은 진실을 구현할 수 있지만 그것을 알지는 못한다"[15]라고 말하는 것은 이러한 기본적인 단계에서이다.

교육을 보다 자세히 고찰한다면──개인 교습에서부터 필요한 몰입의 표명, 한 영역의 이론이 실제 상황에 적용되는 방식, 그리고 자신만의 스타일의 계발에 이르기까지──우리는 대학이 왜 필요한지 알 수 있다. 헌트가 인용한 예일대학부장의 주장이 장황하고 불필요하다 할지라도 예일과 같은 대학교에서 해야 할 일은 아주 많다.

그러므로 특정한 영역에서 우리가 전문 지식과 인생의 실천적 지혜를 가르치기를 원한다면(이것은 확실히 우리가 원하는 것이다), 우리는 최종적으로 월드 와이드 웹의 교육적 전망을 신뢰하는 사람들에게 철학가가 제기할 수 있는 가장 중요한 질문에 부딪치게 된다. 즉 다양한 영역에서 기능을 습득하고 자신의 문화에 정통하기 위해 필수적으로 요구되는 신체의 현존이 인터넷을 통해서도 가능한가?

원격 존재의 가능성은 이 질문에 대한 희망적이고 긍정적인 답변을 결코 포기하지 않는다. 원격 존재가 인간을 신체적 존재에 관한 모든 필수적인 것들을 원격으로도 가능하게 만들 수 있다면, 전 단계에서 원격 학습의 꿈은 원칙상 성취될 수 있다. 그러나 원격 존재가 교실 수업과 강의실의 존재를 대신할 수 없다면——그 이유는 강의실과 교실에서 담당 교사뿐만 아니라 대가의 스타일이 일상에 기초를 두고서 표명되므로, 이를 모방하는 견습생들은 서로를 직접 대면함으로써 몰입을 촉진하기 때문이다——원격 학습은 단지 능숙성에는 이를 수 있지만, 전문가적 지식과 실천적 지혜에는 결코 도달할 수 없다. 그러므로 하이퍼 학습은 단순히 과대 광고로 판명된다. 따라서 다음의 질문은 "원격 존재가 얼마만큼 이러한 출현을 가능하게 할 수 있는가?"가 된다.

III

——

탈신체화된 원격 존재와
현실의 먼 거리

그녀는 지구의 반대편에 살고 있는 아들의 이미지를 볼 수 있었다. 아들도 그녀를 볼 수 있을 것이다……. "이게 뭐냐? 사랑하는 아들아……." "직접 와서 만날 수는 없니?" "하지만 난 널 볼 수는 있어!" 그녀는 소리쳤다. "뭘 더 원해요…?" "나는 너와 똑같은 모습을 보고 있어……. 하지만 이건 직접 보는 것은 아니지. 전화를 통해 너와 유사한 목소리를 듣지만 이건 너의 실제 목소리가 아니야." 이 헤아릴 수 없는 향기가 바로 실제 대화의 정수라는 기존의 철학은 이제 더 이상 신뢰할 수 없는 것으로 기계에 의해 철저히 무시된다.

E. M. 포스터, 〈기계의 작동 정지〉[1]

예술가들은 시대를 앞서간다. 지난 세기의 전환기에 E. M. 포스터는 사람들이 일생 동안 자신의 방에 앉아 통신으로 바깥 세상과 교류하는 시대를 상상하며 비탄에 잠겼다. 이제 우리는 이러한 문화적 단계에 거의 진입하고 있다. 우리는 방에서 세계의 최신 뉴스를 보고 쇼핑하고 연구하며, 가족·친구·동료들과 통신으로 대화를 나누고 게임을 하며 리모컨으로 로봇을 원격 조종한다. 이런 식의 생활에서 신체는 별 의미가 없고, 우리의 정신

은 우리의 관심을 끄는 곳이면 어디든 출현하는 것으로 보인다.[2]

우리가 살펴보았듯이 이러한 원격 존재의 발달로 인해 우리는 상황에 얽매인 신체를 벗어나 어디든 존재할 수 있고, 결국에는 영원불멸에 이를 것이라고 열광론자들은 즐거워한다. 하지만 다른 사람들은 서론에서 언급한 카네기 멜론의 연구 결과에서 보듯이, 우리가 집에서 네트를 통해서만 주변 세계와 다른 사람들과 관계를 맺는다면 고립감과 우울증에 빠지게 될 것이라고 우려한다.

보다 최근에 스탠퍼드대학교 연구자들은 이와 관련된 보다 광범위한 연구를 수행했다. 그들은 외로움과 우울증의 문제를 긍정했지만, 그것을 집중적으로 연구하지는 않았다. 《뉴욕 타임스》는 다음과 같이 보도한다.

카네기 멜론 연구는 심리적이고 정서적인 문제에 초점을 맞췄지만, 스탠퍼드의 연구는 이와는 대조적으로 인터넷의 이용과 인터넷이 사회에 미치는 잠재적 영향력을 통계학적 모형으로 총괄해서 제공하고자 했다……. 이 연구의 책임자인 니 씨는 미국에서 인터넷이 사회적 고립이라는 광범위한 새로운 물결을 창출하고, 인간의 접촉이나 감정의 개입이 없는 원자화된 세계의 유령을 생겨나게 만든다고 주장했다.[3]

스탠퍼드 연구자들은 카네기 멜론 연구의 후원자들과 마찬가지로 이 결과에 대해 놀라움을 표시했다. 그들은 우리가 신체가 매개되지 않은 교류만을 한다면, 우리가 잃게 될 것이 무엇인지에 대해서 알고자 하는 사람은 없다고 한탄한다. 니 씨는 "만약 인터넷이 모든 곳에 동시에 존재한다면, 우리가 어떤 종류의 세계에 살게 될 것인가라고 아무도 명백히 의문을 제기하지 않는다"[4]라고 말했다. 이것이 정확히 우리가 제기하고자 하는 질문이다. 따라서 논의를 계속 진행하겠다.

인터넷 애호가들은 우리가 조만간 거대한 네트워크를 통해서 삶을 영위하게 될 것이며, 이 네트워크는 직물 혹은 우리가 유영하며 살아갈 보이지 않는 거대한 대양과 같이 점점 더 조밀해질 것이라고 주장한다. 그들에게 이것은 거대한 기회이다.《와이어드 매거진》은 다음과 같이 말한다.

오늘날의 은유는 네트워크이다. 즉 사이사이의 검고 갈라진 구멍들이 함께 얽혀 있는 노드들의 거대한 확장이다. 그러나 그 실들은 아주 단단하게 얽혀 있기 때문에 그 그물코는 직물처럼 이루어져 있으며, 어떤 빈 공간도 없이 완전한 충만한 존재로서 아주 강력하며, 특이한 점은 없다……. 컴퓨터 보안과 병렬 컴퓨터 전문가인 에릭 브루어에 의하면 이것은 대부분 우리의 삶을 윤택하게 만드는 보이지 않는 하부 구조이다.[5]

많은 사람들은 현재의 양상으로 미루어 보아 조만간 우리가 그렇게 거대하던 보이지 않는 상호 연결된 하부 구조를 통해서 삶을 영위하게 될 것이라는 데 동의한다. 그렇다면 우리는 확실히 다음과 같이 질문해야 한다: 정말 이것이 '앞으로' 우리의 삶을 더 윤택하게 할 것인가? 사이버 공간에서 도처에, 그리고 동시에 편재하는 원격 존재를 위해서 우리가 상황에 얽매인 신체를 버린다면 어떤 것을 얻고, 잃을 것이 있다면 어떤 것을 잃어버릴 것인가? 우리는 이 문제를 두 가지로 나누어 생각할 수 있다. 원격 통신 기술을 통해 '세계'와 교류하는 것은 우리의 전체 현실 감각에 어떤 영향을 미칠 것인가? 그리고 인간이 원격 통신 기술을 통해 교류함으로써 잃어버릴 것이 조금이라도 있다면 그것은 무엇인가? 이러한 질문들에 대답하기 위해서 우리는 보다 일반적인 질문을 먼저 던져 보자. 원격 존재란 무엇인가? 그리고 원격 존재가 사람과 사물을 직접 대면하는 우리의 일상 경험과 어떻게 관련성을 지니는가?

근대성 속에 머물러 있는 우리가 과연 내적이고 사적이며 주관적인 경험 바깥으로 나와 외부 세계의 사물과 사람의 존재를 대면할 수 있는가? 현재 우리에게 이것은 아주 중요한 문제로 보이지만 이전에 이 문제는 진지한 숙고의 대상이 되지 못했다. 그리스인들은 인간 존재를 세상 쪽을 향하고 있는 텅 빈 머리로 생각했다. 성 아우구스티누스는 사람들이 내적인 삶을 지니고 있다는 것을 확신시키기 위해 열심히 노력했다. 그는 《고백록》에서 성 암브로시우스가 혼자 책을 읽을 때의 놀라운 사실에 대해 다음과 같이 논평하면서 자신의 방식에서 벗어난다. "그가 책을 읽을 때 눈은 페이지를 훑어보고 가슴은 의미를 탐색하지만, 목소리는 침묵하고 있고 혀는 움직이지 않는다."[6] 그러나 내적 세계가 있다는 생각은 17세기 초반, 르네 데카르트가 정신의 내용과 나머지 현실 사이를 근대적으로 구분하면서 비로소 받아들여지기 시작했다. 이때 데카르트에게 영향을 미친 세 가지 요소는 다음과 같다.

우선 망원경과 현미경 같은 도구들은 인간의 지각할 수 있는 힘을 확장했지만, 인간이 그러한 보조적 인공물을 통해 간접적으로 본 것을 정말로 신뢰해야 하는가에 대해서는 많은 의문이 있었다. 교회는 태양의 흑점에 관한 갈릴레오의 주장을 신뢰하지 않았다. 이안 해킹에 따르면 1860년대까지도 "현미경을 통해 본 작은 구체가 현미경의 산물인지, 아니면 유기체의 진정한 요소인지에 관해서 진지한 논의들이 있었다(그것들은 인공물들이었다)."[7]

동시에 감각 기관 자체는 정보를 두뇌에 전달하는 변환기로서 이해되었다. 데카르트는 이 연구의 선구자로서 어떻게 눈이 빛에 반응하고, '시각 신경의 작은 조직'[8]은 어떻게 그 정보를 두뇌까지 전달하는가를 설명했다. 이와 유사하게 데카르트는 다른 신경들이 어떻게 신체에 관한 정보를 두뇌에 전달하고, 두뇌에서 정신에 이르게 되는지 이해했다. 데카르트는 이것이 우리가 세계에 '간접적으로' 접근한다는 것을 보여 주는 예라고 생각했다. 그에 의하면 사물은 결코 직접적으로 우리에게 현존하는 것이 아니다.

그는 여기서 좀더 나아가 팔이나 다리를 잃은 사람들의 보고서를 원용하여 우리가 신체적·직접적 경험이라고 생각해 온 것에 의문을 제기한다.

나는 팔이나 다리가 절단된 사람들이 절단된 바로 그 부위에 때때로 아픔을 느낀다고 말하는 것에서 확신을 얻었다. 이것은 내가 확신하는 고통이 내가 실제로 고통을 느낀다고 생각하는 팔다리에 원인이 있는 것이 아닐 수도 있다고 생각하게 된 근거이다.[9]

따라서 데카르트는 우리가 세계나 신체 내에 현존하는 것이 아니고, 우리의 직접적인 모든 경험은 정신의 내용이라고 결론 짓는다. 실제로 우리가 철학적인 사유를 할 때에는 데카르트의 주장에 동의해야 할 것처럼 보인다. 철학적 사유는 우리가 외부 세계에 직접적으로 접근하는 것이 아니라 단지 사적이고 주관적인 경험에 접근하는 것으로 보인다.

만일 이것이 우리의 진정한 조건이라면 멀리 떨어진 사물과 사람들에 관련된 매개 정보는 인터넷을 통해 우리에게 전달될 수 있을 것이고, 원격 존재 역시 어디든 출현할 수 있을 것이다. 그러나 세계에 대한 우리의 모든 경험이 간접적이라는 데카르트의 주장을 반박하는 윌리엄 제임스나 존 듀이 같은 실용주의자들은 우리가 신체를 벗어난 초연한 구경꾼으로서 세계와 관계를 맺는가, 아니면 몰입한 신체를 가진 에이전트로서 세계와 관계를 맺는가가 가장 결정적인 문제라고 강조한다. 이들의 분석에 의하면 우리의 존재가 현실을 직접 접촉한다는 의식을 심어 주는 것은 우리가 세계 내의 사건들을 통제하고, 우리가 완료한 일에 대해 지각 피드백(perceptual feedback)을 하기 때문이다.

그러나 이러한 종류의 통제와 피드백조차도 통제자에게 현실과 직접적으로 접촉을 한다는 의식을 심어 주기에는 충분치 않다. 우리가 켄 골드버그의 텔레가든 팔[10]이나 화성 탐사선 소저너와 같이 피드백의 속도가 느린 로봇을 조종한다면, 스크린에서 우리가 보는 것은 원거리 장비에 의해 매개된 것으로 보일 것이고, 따라서 진짜 원격 통신 '존재'는 아니다.

그러나 실시간으로 요령 있게 모든 것에 대처할 수 있는 상호 작용 로봇의 조종은 원격 존재에 부합한다. 예를 들어 복강경 수술에서 의사는 로봇의 움직임을 직접 감지한다. 이것은 마치 맹

인이 지팡이 끝으로 자신을 감지하는 것과 마찬가지이다. 그러나 상호 작용 조종과 피드백이 우리가 조종하는 대상과 직접 접촉한다는 느낌을 줄 수는 있다 할지라도, 그것은 여전히 우리가 실재에 직접적으로 접촉하지 못하고 있다는 막연한 느낌을 남긴다. 원격으로 무엇인가를 한다는 것은 여전히 우리의 직접적 현존 의식을 떨어뜨린다.

우리가 집에서 안전하게 원격으로 차를 조종할 때, 우리는 불시의 위험에 끊임없이 경각심을 가지고 대비하지 않는다. 원격 조종 위성 탐사선이나 방사선 물질 처리 도구들을 우선적으로 개발하는 것은 극단적으로 위험한 상황을 피하기 위해서이다. 그러나 일상 세계에서 우리의 신체는 언제나 잠재적으로 위험한 상황에 노출되어 있다. 따라서 우리는 정신뿐만 아니라 신체를 지니고 있는 인간 존재로서 실세계의 불시의 위험에 대해 대비해야 한다. 위험 의식이 없다면 우리의 전체 경험은 비현실적으로 느껴질 것이다. 다시 말해 설령 우리가 슈퍼 아이맥스 상호 작용 장치(super-Imax interactive display) 등에 몰입되어, 위험한 곡선도로를 주행할 때 차체가 심하게 기울어져 우리가 전후로 흔들린다 할지라도 위험 의식이 없다면 우리는 이를 현실로 감지하지 못할 것이다. 그러나 바로 이 점에서 엑스트로피언들과 같은 테크놀로지 승리의 신봉자들이 옳은 것은 아닌가? 우리는 우리가 개발한 고도 기술 세계에 너무나 길들여져서 언제나 보호해야 하는 존재는 더 이상 필요치 않은 것은 아닌가? 그리고 이것이 여전히 현실적으로 보이지 않는가?

모리스 메를로 퐁티는 이 질문에 대답하려고 시도한다. 그는 우리에게 직접 현존하는 세계 의식을 가져다 주는 것이 무엇인가를 묘사하면서 데카르트를 거부한다. 그는 안전에 대한 욕구보다 더 기본적인 욕구가 존재한다고 주장한다. 그것은 우리가 신체를 가지고 있는 한 결코 떨쳐 버릴 수 없는 욕구이다. 그것은 메를로 퐁티가 세계에 대한 최대한의 포착(optimal grip on the world)이라고 부른 것이다. 메를로 퐁티는 우리가 무엇인가를 보고 있을 때, 우리는 그것에 관해 생각해 보지 않고서도 전체로서의 사물과 그것의 여러 부분들을 잘 볼 수 있는 최상의 거리를 확보한다고 지적한다. 무엇인가를 붙잡으려 할 때, 우리는 그 물건이 가장 잘 잡히도록 잡는다. 메를로 퐁티는 다음과 같이 말한다.

미술 전람회에 전시된 그림과 마찬가지로 각각의 대상을 잘 보이게 하기 위해서는 최상의 거리가 확보되어야 한다. 거리가 더 짧거나 길면 우리의 지각은 그 과도함이나 결핍으로 인해 흐려진다. 그러므로 우리는 최상의 가시성을 확보하려는 경향이 있으며, 현미경과 같이 보다 초점을 잘 맞추려고 노력한다.[11]

메를로 퐁티에 따르면 이러한 최선책을 추구하는 것은 신체이다.

나의 지각이 가능한 한 다양하고 명확한 광경을 내게 제시해 줄 때, 그리고 나의 내연 기관의 의도가 펼쳐지면서 세계로부터 기대하는 반응을 받아들일 때, 나의 신체는 세계와 연결된다. 이러한 지각과 행동에 대한 최대의 예민성은 나의 신체가 세계와 공존하는 전반적 환경이며, 나의 삶의 근간인 지각의 '기초'이다.[12]

그래서 지각은 경험의 불확정성에 의해 동기화되고, 우리의 지각 기능들은 우리가 대상을 최상으로 포착할 수 있도록 결정 '할 수 있는' 대상들을 충분히 결정 '적'으로 만들어 주기 위해 기능한다. 게다가 우리는 세계를 포착하기 위하여 신체의 운동 성향을 넘어서서 진화하기를 원치 않는다. 왜냐하면 이 성향은 우리가 안정된 대상을 경험할 수 있도록 경험을 조직화해 주기 때문이다. 우리가 세계의 불확실성과 불안정성을 끊임없이 의식하고, 그것을 극복하기 위해 끊임없이 움직이지 않는다면, 우리는 결코 안정된 세계를 포착할 수 없을 것이다.[13]

우리 모두는 사물에 대처하는 능동적 신체를 가지고 있을 뿐만 아니라, 신체를 가지고 있는 우리들 각각은 어떤 특정한 사물은 물론 이를 넘어서서 사물 일반에 대처하기 위해 끊임없는 준비를 한다. 메를로 퐁티는 이 신체화된 준비를 원적 견해(Ur-doxa),[14] 즉 세계에 대한 '근원적 신념(primordial belief)'이라 부른다. 이것은 우리에게 사물이 직접적으로 현존한다는 의식을 제공해 준다. 그러므로 원격 존재에서 현존 의식이 있다면 사람들은 원격으로 사물들을 포착할 수 있어야 할 뿐만 아니라, 어떤 일이든 그것을 포착할 수 있도록 끊임없는 준비를 요청하는 상황적 의식도 가져야 할 필요가 있을 것이다.

우리가 대처하고자 하는 세계에 내포된 존재라는 의식을 아주 쉽게 이해하기 위해서 원격회의 등의 원격 존재와 다른 사람을 우리가 직접 대면할 때의 경험을 비교해 보자. 원격 존재 장치를 개발하는 연구자들은 고해상도 텔레비전과 서라운드 음향을 도입하고, 촉각·후각 채널들을 추가함으로써 원거리에 있는 사람들이 실제로 현존한다는 느낌을 심어 주기 위해 노력한다. 과학자들은 "완전한 원격 존재는 투명한 디스플레이 시스템, 고해상도 이미지, 넓은 시야, 멀티 피드백 채널(이는 시각적인 것은 물론이고 청각적이고 촉각적인 정보, 그리고 심지어 습도와 기온과 같은 환경 정보까지도 제공한다), 그리고 이들간의 정보의 일관성을 요구한다."[15] 이러한 다채널, 실시간, 상호 작용 연결 통신 기술이 더 많이 제공될수록 우리는 원거리에 있는 대상과 사람들에 대해 더욱 완전한 현존감을 지니게 된다고 그들은 가정한다.

그러나 다채널적 접근만으로도 충분치는 않을 것이다. 버클리의 로봇학자인 존 캐니와 에릭 파울로스는 인간 대 인간의 상호 작용을 상황에서 독립된 통신 채널들, 즉 비디오·오디오·햅틱(촉각 장치) 등으로 분해하는 시도를 비판한다. 그들은 두 명의 인간이 면 대 면으로 대화를 나누는 것은 눈의 움직임, 머리의 움직임, 제스처, 그리고 자세 등의 미묘한 조합에 의존하는 것으로서 대부분의 로봇학자들이 현실화하는 것보다도 훨씬 더 풍부하게 상호 작용한다고 지적한다.[16] 그들은 신체화된 상호 작용의 전일적(holistic) 이해는 당연히 일상적인 인간의 만남에 결정적이며, 메를로 퐁티가 지적한 것처럼 이 상호 신체성(inter-corporeality)은 3D 이미지들, 스테레오 사운드, 로봇의 원격 조정 등을 추가해서도 포착될 수 없는 것이라고 말한다.

원격 존재에서 빠져 있는 것이 무엇인가는 우리가 원격 학습의 문제로 되돌아간다면 가장 잘 알 수 있는 것이다. II장의 끝에서 우리는 완전한 학습을 위해 필수적인 교사의 존재가 원격 존재에 의해 포착될 수 있는가라고 질문했다. 우리는 이제 이 질문에 대답해야 한다. 그러나 학습자의 관점에서 기능 습득의 6단계를 바라보기보다 우리는 교사의 관점에서 학습을 바라보고, 과연 교사가 원격으로 기능을 가르치고자 할 때 빠뜨리는 것이 무엇인지 질문해야 한다.

교사가 단지 비디오 테이프를 녹음할 뿐이라면 원격 존재란 전혀 존재하지 않으며, 수많은 것을 확실히 잃어버릴 것이다. 예를 들어 학습 과정에서 위험이 중요하다면, 교사와 학생은 그들이 상호 작용하지 않을 때 '두 가지' 위험은 존재하지 않는다고 가정될 수 있다. 즉 교사가 강의의 주제에 관해 알고 있는지 학생을 지명하여 확인하고자 할 때, 학생은 그런 위험에 대면하지 않아도 되며 그가 대답할 수 없는 질문을 받을 위험이 없다. 이것이 사례가 될 수 있다면, 이것은 원격 교육이 학습을 더욱 빈약하게 만들 수 있을 뿐만 아니라 공부하지 않는 교사를 양산할 수 있다.

우리는 사실 교사가 학생을 가르친다고 생각하지만, 이것은 상호 작용할 수 있는 교실의 환경에서는 학생들도 교사를 가르칠 수 있다. 교사는 어떤 사례들이 효과를 발휘하는지, 발휘하지 않는지, 어떤 자료가 다른 자료와 다르게 제시되어야 하는지, 그가 단순히 어떤 사실이나 이론을 잘못 제시했는지, 혹은 심지어 전체 질문을 바라볼 수 있는 더 나은 방식이 있는지를 배운다. 교사와 학습자가 있는 대학은 '좋은 대학'이지만 '보다 훌륭한 대학'은 학습자만이 존재한다고 말해진다. 그렇다면 수동적 원격 교육은 학습과 교육에 있어서 위험을 제거함으로써 학생들과 교사들이 가장 중요한 것, 즉 어떻게 배워야 하는가를 배울 기회를 빼앗아 버린다.

생방송이며 상호 작용 비디오 원격 학습은 아주 매력적인 경우이다. 비록 이것은 행정가들이 비용 효율이 높기 때문에 매력적이라고 생각한 웹의 형태는 아니라 할지라도 말이다. 그러나 원격 존재를 생산할 수 있는 것은 이런 종류의 테크놀로지이다. 데이비드 블레어는 교실에서 학생과 더불어 강의하는 것과 상호 작용 통신 교육을 통한 강의 두 가지 모두에 대해 많은 생각들을 제공한다. 다음은 그가 관찰한 몇 가지 사항들이다.

첫째, 나는 종종 교실에서 진행되는 많은 것들을 의식한다. 이 중에는 실제로 질문하고 논평을 하는 학생들도 포함된다. 때때로 주변에서 한 학생이 내가 알 수 있는 질문을 할 때, 다른 학생들은 그 질문에 동의하며 고개를 끄덕인다. 이것은 그 학생의 질문이 나머지 학생들에게 중요하다는 것을 지적해 주는 것이므로 나는 이에 완전하게 대답하기 위해 보다 주의를 기울인다. 관심 범위의 다른 쪽 끝에서 나는 학생들이 지겨워하거나 졸거나 서로 잡담하는 것을 볼 수 있다. 이것은 내가 강의의 페이스를 조절하여 그들의 관심을 끌어내려고 노력해야 한다는 것을 의미한다. 하지만 나는 학생을 원격으로 가르치면서 카메라의 초점, 카메라가 무엇을 확대해서 보여 주는지를 조종할 수 없으며, 면 대 면 강의에서 내가 주의를 기울이고 통제했던 방식으로 조종할 수가 없다.

둘째, 강의를 하면서 나는 나에게 가장 편안하거나 유익한 관점을 끌어낸다. 이 관점은 강의에 따라 다르고, 심지어 강의중에도 변하는 것이다. 아마도 이것은 메를로 퐁티의 '최대한의 포착' 개념과 유사하다. 이러한 관점은 내가 강의중에 돌아다니면서 때때로 학생에게 가까이 다가가기도 하고, 때때로 멀어져야 한다는 것을 요구한다.

마지막으로, 교실에서 학생들의 현존을 즉각적으로 감지할 때는 대부분 내가 그들과 눈을 맞출 때이다. 내가 컴퓨터상의 CU-

CMe('서로가 서로를 바라보는 것(see-you-see-me)') 테크놀로지를 경험한 바에 의하면 아무리 그 전달 장치가 훌륭하다 할지라도 우리는 시각적 채널을 통해서 눈을 맞출 수 없다. 다른 사람이 나와 눈을 맞출 수 있도록 나는 카메라를 똑바로 쳐다보아야 한다. 하지만 이 경우 나는 다른 사람의 눈을 볼 수가 없다. 내가 다른 사람의 눈을 보기 위해서는 카메라에서 눈을 돌려 스크린에 비친 학생들의 이미지를 보아야 한다. 즉 당신은 카메라를 보거나 아니면 스크린, 둘 중의 하나만을 볼 수가 있는 것이다. 그 두 가지를 동시에 볼 수는 없다.[17]

이 경우 원격 존재 속에서 잃어버리는 것은 신체의 움직임을 통제함으로써 세계를 보다 잘 포착하고자 하는 능력이다.

다른 원격 존재는 물론이거니와 상호 작용 비디오 역시 상황, 즉 컨텍스트를 감지할 수 없다. 강의에서 상황이란 강의실의 분위기이다. 일반적으로 분위기는 사람들 자신이 경험하고 있는 것을 의미 있게 만드는 방식이다. 우리를 그 분위기에 맞춰 주는 것은 신체이다. 만일 당신이 한 모임의 원격 강의자라면, 과연 당신이 그 분위기를 공유할 수 있는지 자문해 보라. 그 반면 하이데거가 지적했듯이 당신이 한 모임에 직접 '참가'한다면 그 모임의 의기양양하거나 의기소침한 분위기를 공유하게 될 것이며, 그것에 저항하기는 어려울 것이다.[18] 마찬가지로 교실에도 항상 공유된 분위기가 있고, 이것이 중요한 것——흥미가 있는지, 지겹거나 생기가 넘치는지, 주변적인지, 관련된 것인지, 관련 없는 것인지를 경험하는 것——을 결정한다. 올바른 분위기는 학생들로 하여금 무엇이 중요한가를 의식하면서 몰입하게 만든다.

모든 훌륭한 선생이 다 그러하듯이 블레어 역시 교실 분위기에 민감하다. 그는 다음과 같이 쓴다.

내가 보다 숙련된 강의를 하게 되자, 나는 수업을 단지 여러 학생들의 집합으로서가 아니라 전체로서 그리고 하나의 실체로서 감지하기 시작했다. 나는 수업을 하나의 전체로서 느끼며 주의를 기울이는지, 반응이 있는지, 우호적인지, 회의적인지 등을 느낀다. 이 느낌은 이렇게 자신을 드러내는 특정한 학생들의 총체가 아니라 일종의 포괄적인 느낌이다. 나는 이러한 특징들에서 예외가 되는 개별 학생들을 의식하지 않고서 이러한 느낌을 받는다. 그러나 청중을 원거리에서 바라보아야 하는 어떤 원격 통신 장치도 이러한 느낌을 줄 수는 없다.

블레어는 사람들이 1/5의 가격으로 영화를 볼 수 있음에도 불구하고 연극을 보기 위해 한 석에 60불을 하는 좌석 예매를 한다는 사실을 예로 들면서 이 상황을 아주 적절하게 묘사한 바 있다. 사람들은 이와 같이 아주 미묘한 형태의 상호 작용들을 중요하게 의식한다. 이 예는 명백히 배우의 현존과 관계된다. 배우들은 훌륭한 강의자와 마찬가지로 매순간 미묘하고 대개는 무의식적으로 청중들의 반응과 조화를 이루면서 극장의 분위기를 통제하고 강화한다. 그러므로 청중과 공연자들이 한자리에 있다는 것은 청중에게 연기자와 직접적으로 상호 작용할 수 있는 가능성을 제공한다. 명백히 그 쇼에 생명력을 불어넣는 것은 공연자와 청중 사이에 오가는 이러한 형태의 의사 소통이다. 극장의 관객은 누구에게 초점을 맞추어 볼 것인지 스스로 선택하지만, 영화

관에서 이것은 감독에 의해 선택된다. 그러므로 연극의 관객은 능동적으로 자신의 앞에서 펼쳐지는 공연에 몰입한다. 그리고 이것은 배우와 같은 세계에 있다는 의식을 만들어 낸다.

이러한 방식으로 신체 현존의 중요성을 바라보는 것은 새로운 의문을 낳는다. 영화와 CD는 연극이나 콘서트와는 다르지만, 영화나 CD는 각자의 방식으로 신체화된 연극이나 콘서트만큼 세계를 포착하는 것처럼 보인다. 어떤 연극배우들은 영화 속에서 연기하는 법을 배우고, 몇몇 라이브 공연자들은 청중으로부터 피드백을 받지 않고서도 강력한 효과를 창출하는 스튜디오 음악가들을 계승하고 있다. 마찬가지로 강의자가 원거리의 학생들을 보여 주는 카메라와 마이크로부터 피드백을 받아서 원격 강의실의 분위기를 통제하지 않고서도 학생들을 강의에 몰두하게 할 수 있을 것이다. 이것은 선험적으로 배제될 수 없는 가능성이다. 우리는 원격 교육이 현재의 교사–라이브 공연자와 똑같은 효과를 낼 수 있는, 교사–영화배우인 원격 교사라는 새로운 이름의 존재를 낳을 수 있는지 지켜보아야 한다.

그러나 우리가 영화/연극의 비교를 끝까지 밀고 나간다 할지라도 원격 교사들의 강의가 과연 학생들과 같은 방에서 강의하는 숙련된 교사의 강력한 효과에 버금갈 수 있는가? 아무래도 이 생각은 별 개연성이 없어 보인다. 서로간에 위험을 공유하지 않고서, 그리고 교실의 분위기를 공유하지 않고서, 학생들이 영화배우–교사에 몰입하는 것은 면 대 면으로 상호 작용하는 교사와 학생이 서로 몰입하는 것보다 집중도가 훨씬 떨어질 것이라는 것은 거의 확실하다. 그러므로 이 장의 서두에서 내가 제안한 기능 모델을 최소한 교육의 영역에 적용해 본다면, 교사와 학생들이 직접적으로 대면하지 않는 진보된 테크놀로지에 의한 강의는 보다 경제적이고 보다 융통성은 있겠지만 강의의 효과는 훨씬 더 떨어진다. 사람들은 개인 강습에서 강의실 교육, 대단위 강의실, 상호 작용적 비디오, 그리고 비동시적인 네트에 기초를 둔 강의에 이르기까지 강의의 효과와 몰입의 쇠퇴를 목격하게 될 것이다.

경제성과 강의 효과 중 하나를 선택해야 한다면 두 개의 계층화된 교육 체계를 낳을 것이다. 여유가 있는 학생들은 원격 학습 학생들보다 다섯 배를 더 지불하고서 교수와 면 대 면 수업을 할 것이다. 이것은 교육 엘리트주의에 상응하는 것으로 영국의 옥스퍼드와 케임브리지대학교의 엘리트주의와 다르지 않다. 이는 개인 교습을 받지 않고서도 진학할 수 있는 다른 대학교와 비교했을 때 더욱 명확하다. 하지만 헌트에 의하면 민주적 평준화를 지향하는 원격 학습이 제거하고자 하는 것은 바로 이 엘리트주의이다.

대학 단계에서 원격 학습은 면 대 면 학습보다 열등해 보이지만, 인터넷의 장점으로 생각되어지는 전문 교육과 대학원 강의에서 원격 학습은 어떠한가? 인터넷을 통한 지속적인 교육이 갖는 장점에 대한 연구는 이 분야의 전형적 특징인 잘못된 낙관주의와 횡설수설로 가득 차 있다.

분산 교육(distributed education)은 원격 교육을 포함하지만, 이것은 원격 교육보다 한걸음 더 나아가 강의 자료들을 훌륭한 단위 구성 요소로 나누어 전세계적으로 분산 보급한다. 이것은 이수증명서나 학위와 같은 학습의 질을 보증하는 증명서를 발행하는 '사업'으로 어떤 단체에 의해서도 조직될 수 있다. 분산 교육은 모든 면에서 편리하고 등록이 용이하며, 풍족한 교육 환경을 제공한다. 이것은 학습 소프트웨어를 네트워크를 통해 배달하고, 견습생들, 전문가 수준의 조언가들, 그리고 교육적이고 직업적 상담가 등이 모여 있는 학습 공동체 내에서 비동시적 대화와 동시적 대화 모두를 가능케 하는 결과를 낳는다.[19]

위와 같은 주장들은 조언과 견습의 주안점을 완전히 간과하고 있다. 우리가 앞에서 살펴보았듯이 대가의 역할은 견습생에게 현실 세계에서 어떤 영역의 이론을 적용하는 능력을 전수하는 것이다. 그러나 사람들은 왜 대가의 연구를 기록하여 그의 이미지를 원격 견습생에게 송신하는 것은 안 되는지 의문을 표할 것이다. 예를 들면 인턴들에게 자신의 분야를 가르치는 의사의 머리 위에 카메라와 마이크를 설치한 후, 의사와 인턴들이 함께 모여서 하는 일을 보고 들으면 되지 않는가?

여기서 원격 인턴들이 놓치는 것이 있다면 그것은 무엇인가? 문제는 다시 상황에 대한 몰입이 된다. 의사의 이마에 고정된 카메라는 실제로 그가 초점을 맞추는 장소를 어디든 보여 줄 수 있다. 그래서 원격 인턴들은 당연히 의사가 현재 보고 있는 것을 실제로 병원에 있는 사람들보다 훨씬 더 잘 볼 수도 있다. 그러나 문제가 되는 것은 의사가 전체 상황에 얼마나 민감하게 반응하며, 어떤 것에 관심을 가지고서 어디에 카메라의 초점을 맞추어야 할지를 결정하는가이다. 그러므로 의사의 머리에 있는 카메라는 원격 학생들에게 의사가 보고 있는 환자 상태의 어떠한 특징은 정확하게 보여 주지만, 의사가 왜 그 특징에 주목하여 카메라를 줌인하게 되는지 그 배경은 보여 주지 않는다. 원격 인턴은 확실히 의사가 주목하는 화상 이미지로부터 무엇인가를 배울 것이지만, 그는 항상 의사가 주목하는 장면의 포로이다. 이것은 마치 원격 강의에서 교수가 원격 강의실의 카메라 작동자와 음향 엔지니어의 포로인 것과 마찬가지이다. 중요한 것을 확대해서 보는 능력은 인턴 진찰자가 배워야 하는 가장 중요한 기능 중의 하나이다.

그러면 병원의 전체 환경을 모두 보여 줄 수 있도록 카메라와 마이크를 설치하여 장면을 기록하고 전송하면 되지 않는가? 이때 원격 인턴은 분리된 화면을 통해 한 화면으로 배경을 보면서, 다른 화면으로는 의사가 관심을 가지고 초점을 맞추는 바를 볼 수 있을 것이다. 그리고 그 의사가 초점을 맞추는 바를 끌어낼 수 있는 전체 장면의 특징들에 주목하는 법을 배울 수 있을 것이다.

그러나 원격 강의실에서와 마찬가지로 이 경우에도 악마는 세부적 현상에 있다. 실제로 상황에 몰입하는 의사에게는 마치 그가 두 개의 눈을 가지고 있는 것처럼 보인다. 하나는 해석되지 않은 상황을 와이드스크린으로 바라보는 눈이고, 다른 하나는 그가 초점을 맞추는 세부 사항을 클로즈업하는 눈이다. 진찰자로서 대가가 된 후에 의사는 본능적으로 어떤 특징과 양상들이 중요한 것으로 부각되는지, 이미 해석된 상황을 바라보는 법을 안다. 이것은 사람들이 낯선 도시에 익숙해진다면 그 도시는 처음 방문했을 때와는 달리 더 이상 건물들과 거리가 뒤범벅이 된 혼란 덩어리로 보이지 않을 것이고, 따라서 메를로 퐁티가 말한 친숙한 지세(physiognomy)를 발견할 수 있는 것과 마찬가지이다. 인턴은 많은 다른 요소들 중에서 정확히 그 의사의 지세적·지각적 이해를 획득하려고 노력하는 것이다.

이때 인턴이 한쪽 화면의 해석되지 않는 장면과 다른 한쪽 화면의 관련된 특징들 사이의 상호 관계를 알고 있다면, 그는 왜 그 의사의 지세적 이해를 획득할 수 없는가? 이것은 정확히 테크놀로지가 학습자에게서 스스로 그 장면을 해석해야 하고, 자신의 오류로부터 배워야 하는 위험한 현실 환경 내의 신체적 몰입을 제거하기 때문이다. 메를로 퐁티는 어떤 사항에 초점을 맞춰서 그것을 이전의 경험에 기초하여 주의를 집중하고, 관련된 사항에 대해 옳고 그름을 판정하지 못한다면 이 상황이 더 많은 의미로 가득 차 있다는 것을 알지 못할 것이라고 주장했다. 그러므로 원격 견습생은 중요한 것에 초점을 맞추어 전체 상황에 반응하는 법을 배우지 못한다. 하지만 이것은 전문가적 수준에 도달하기 위해서 반드시 인턴이 배워야만 하는 것이다.

환자·의사·인턴이 직접적으로 참여하는 현실 학습 상황에서 견습 의사들은 그들이 중요하다고 생각하는 새로운 세부적 사항에 주목하고서 자신이 옳았는지, 아니면 무엇인가 중요한 것을 놓쳤는지를 알 수 있다. 이런 식으로 그들이 몰입한다면 모든 성공과 실패와 더불어 그들은 전체 배경을 새로이 조직화할 수 있다. 그 결과 앞으로는 다른 양상이 중요한 것으로 부각될 수 있다. 그러므로 세부적인 상황과 상황의 전체적 중요성간의 풍부한 상호 작용이 지속적으로 이루어져야 한다. 메를로 퐁티는 인간의 행위와 지각 세계간의 이러한 형태의 피드백을 지향적 원호(intentional arc)라고 불렀다.[20] 지향적 원호는 오로지 지각하는 사람이 '나는 할 수 있다'는 자세로 신체를 이용할 때에만,

즉 자신이 보는 것을 지각자가 지배할 수 있을 때에만 기능한다고 메를로 퐁티는 지적한다.

그러므로 의사가 알고 있는 바를 배우기 위해 원격 인턴은 각 카메라가 초점을 맞추는 방향을 조종하고, 어느 정도로 각 카메라가 확대하거나 축소하는지를 컨트롤할 수 있어야만 한다. 수많은 수동적 경험들만 하더라도, 예를 들면 TV에서 축구 경기를 시청하는 것만으로도 공의 움직임을 포착하고 경기를 예견하고 해설하는 데 있어 능숙성에 도달할 수 있다. 그러므로 사람들은 원격 학생들 역시 자신이 본 것을 컨트롤하게 됨으로써 어떤 기능 영역에서도 전문가적 감각을 획득할 수 있을 것이라고 당연히 생각한다. 하지만 이러한 이상적인 원격 학습 설비가 빠뜨리고 있는 것은 무엇인가?

II장에서 살펴보았듯이 학습자는 특정한 상황에 반응하고 그 결과를 자기 것으로 만듦으로써 전문가가 된다. 충분한 경험을 토대로 초심자의 두뇌는 점차적으로 지각과 행위를 연결시키고, 이전의 경험과 유사한 상황에서 행위자는 즉시 지난번과 같은 유형의 반응과 유사한 반응을 끌어내야 한다. 그러나 이 경우 획득한 학습 상황이 실제 상황과 충분히 유사해야 하고, 그래서 훈련 상황이 현실 세계에 반드시 적용될 수 있어야 한다.

따라서 상호 작용적 형태이든 아니든 원격 학습은 최종적인 도전에 직면할 수밖에 없다. 원격 존재는 상황 속의 존재가 느끼는 의식을 재생산할 수 있고, 학습한 바를 실세계에 전이해 줄 수 있는가? 경험 있는 교사들과 현상학자들은 이에 '아니오'라고 대답할 것이다. 완전한 원격 현존을 포착하는 것은 불가능하다. 그것이 아무리 극단적이고 충격적인 형태라 할지라도 말이다. 이 경우를 살펴보기 위해 미식 축구 같은 신체 운동을 예를 든다면 도움이 될 것이다.

브리그햄영대학교 미식 축구팀의 세이프티 코치이자 산타바바라시티대학(1973-74)에서 미국 제일의 라인배커이자 디펜시브 엔드였던 배리 램은 다음과 같이 보고한다.

단 한 가지를 제외한다면, 우리 선수들은 비디오를 보면서 많은 것을 배울 수 있다. 비디오를 보면서 배울 수 없는 것이 무엇인지는 정확히 말하기 어렵지만, 좋은 선수는 전체 상황을 감지하고 본능적으로 축구를 배운다. 하지만 이것은 비디오만을 본다면 감지할 수 없는 것이다. 물론 대부분의 경기 녹화 비디오는 한 명의 선수에게 초점을 맞춘 것이 아니다. 그러나 당신이 정확하다면 경기장의 깊이는 실제 현실과 비디오에서 절대로 동일하지 않다.[21] 이것은 당신이 경기장을 실제로는 올바르게 알 수 없으며, 게임의 템포를 감지할 수 없다는 의미이다. 게다가 올바른 방향으로 당신의 머리나 눈의 초점을 맞추는 것으로만 경기가 어떻게 발전되는지 알기 어렵다. 우리 선수들은 주변에서 무슨 일이 일어나고 있는지를 느끼기 위해 말초 시신경을 이용할 줄 알아야 하며, 어떤 말초적 비전이 당신 앞에서 일어나고 있는 일을 다르게 볼 수 있도록 만들어 주는지를 배울 필요가 있다.[22] 게다가 게임에서 감정은 선수가 경기를 바라보는 방식을 바꾼다. 그리고 그것은 비디오를 본다고 감지할 수 있는 것이 아니다.

비디오가 선수들이 배울 필요가 있는 모든 것을 가르쳐 주기에 얼마나 부족한 것인지를 알 수 있는 또 다른 방법은, 상대편 선수들이 현실에서처럼 비디오 화면상에서는 위협적이지 않다는 것을 아는 것이다. 경기장에는 당신에게 상처 주기를 원하는 11명의 상대편 선수들이 있다는 사실은 상황을 다르게 인식하게 한다.

요약해서 말하면 올바른 것, 혹은 때때로 이치에 맞지 않는 것을 하기 위한 학습은 연습에서건 실생활에서건 한 사람이 현재의 상황을 계속적으로 반복해서 경험할 때에만 오로지 발생할 수 있는 것이다.[23]

이 모든 것은 원격 학습자들이 서라운드 스크린을 보고, 스테레오 사운드를 듣고서 능숙함의 단계까지는 발전할 수 있다는 것을 말해 준다. 그러므로 인턴은 의사가 지적해 주는 많은 증상들을 인식하고, 심지어 예견할 수 있을 정도까지 능숙해질 수는 있다. 이것은 열광적인 TV 시청자들이 미식 축구장의 많은 경기들을 보고, 그 경기가 어떻게 진행될 것인지 예견할 수 있는 것과 마찬가지이다. 게다가 원격 학습자가 실제 신체화된 학습자의 위치에서 정확하게 카메라에 의해 전송되는 장면을 본다면, 그는 숙달성의 단계에도 도달할 수 있을 것이다. 그러나 원격 학습자들은 세계에 현전하는 위험하고 풍부한 지각적 상황들에 직접적으로 반응할 수 있는 경험을 하기는 불가능하다. 실제 상황에서 신체화된 성공과 실패의 경험이 없기 때문에 원격 학습자들은 현재의 상황에 즉각적으로 대가의 방식으로 반응하는 전문가적 능력을 획득할 수 없다. 따라서 우리는 전문가의 지식은 탈신체화된 사이버스페이스에서는 획득될 수 없다고 결론 내릴 수밖에 없다. 원격 교육 열광자들의 주장에도 불구하고 견습은 가정·병원·경기장·실험실, 그리고 다양한 기능들이 생산되는 장소에서 공유되는 상황 속에서 발생한다. 따라서 원격 견습은 모순

어법이다.

일단 데카르트와 모든 근대 철학자들에 의해 부정되었지만 사물과 사람들에게 직접적으로 현존하는 존재의 방식을 이해한다면, 우리는 당연히 원격 존재에는 기본적인 한계가 있다는 것을 이해할 것이다. 이것은 원격 교육의 문제를 훨씬 넘어서는 것이다. 대상들이 아닌 사람들의 현존을 생각한다면 우리는 청각·시각 등의 원격 감각을 통해서 접근하는 것과 문자 그대로 손이 닿을 수 있는 곳에 존재하는 완전한 신체를 지닌 현존 사이의 결정적 차이를 알 수 있을 것이다. 완전한 신체를 지닌 현존은 상호 작용 원격 조종 로봇의 팔을 실시간으로 조종하면서 내가 현존해 있다고 느끼는 것과는 다르다. 이것은 로봇에 표면 감지기를 설치한 후 그 인공 장기를 통하여 우리가 원거리에서 다른 사람들을 만질 수 있다는 단지 그러한 종류의 문제는 아니다. 인간-로봇의 상호 작용이 아무리 부드럽게 이루어진다 할지라도 그것은 결코 애무가 아니며, 미세하게 조종되는 감각 센스가 달린 로봇의 팔을 이용하여 아이를 껴안아 주는 데 성공하지 못할 것이다. 사람들에게 포옹의 의미가 무엇이든간에 나는 통신 포옹은 아무런 의미가 없다고 확신한다. 로봇의 인공 장기에 의해 매개된 친밀성의 표현 행위는 어떤 경우라도 외설적이지 않다 하더라도 그로테스크한 것만은 확실하다. 설령 우리의 통신 기술이 E. M. 포스터의 상상력을 훨씬 뛰어넘어서, 마침내 우리가 원격 조종 로봇의 팔과 손을 통해 다른 사람을 만지고 각자가 조종하는 로봇의 손으로 서로 악수를 하면서 스크린을 통해 서로의 눈을 응시한다고 할지라도 얼마만큼 서로를 신뢰하는가를 감지할 수 있을지 의심스럽다.

우리는 아마도 언젠가 이런 종류의 신체적 접촉을 그리워하지 않을 것이다. 그리고 다른 사람을 만지는 것이 무례하거나 모욕적인 것이 될지도 모른다. E. M. 포스터는 그의 소설에서 이러한 미래를 다음과 같이 상상한다.

바쉬티가 소리를 지르며 그 광선에서 벗어났을 때, [스튜어디스는] 야만인처럼 행동했다. 그 스튜어디스는 그녀가 비틀거리지 않도록 손을 내민 것이다. "어떻게 감히!" 승객이 소리쳤다. "분수를 모르는 짓을 하다니!" 그 여자는 당황했고, 그녀가 떨어지도록 내버려두지 않은 것에 대해 사과를 했다. 사람들은 결코 서로를 접촉하지 않는다. 이 관습은 기계 덕분에 완전히 구시대 유물이 되었다.[24]

그러나 증권인수업자들은 두 명의 최고경영자가 회사를 상호 합병할 수 있을 정도로 충분히 서로 신뢰하기 위해서는 그들이 원격회의만을 해서는 안 된다는 것을 알고 있다. 그들은 공유된 환경에서 상호 작용하면서 며칠을 같이 지내야 한다. 아마도 그들은 마침내 저녁 식사를 같이하면서 최종 거래를 성사시킬 것이다.[25]

물론 신뢰에도 많은 종류가 있다. 메일 전달자가 메일을 전달하는 행위에서 신뢰는 눈을 바라보거나 악수를 하는 것을 요구하지 않는다. 신체 접촉을 요하는 신뢰는 누군가가 우리의 관심사에 공감하면서 행동할 것이라는 신뢰를 말한다. 설령 이러한 행동이 자신의 의사에 반하는 것이라 할지라도 말이다.[26]

이러한 신뢰와 신체화된 존재 사이의 관계는 무엇인가? 아마도 우리의 신뢰 의식은 아기가 보호자의 품에 안겨 있을 때 느끼는 것과 동일하다고 가정되는 경험이며, 반드시 안전과 안녕 의식을 포함한다.[27] 그러므로 현실 의식은 단지 사냥꾼으로부터 도망칠 준비가 되어 있는 동물적 의식이라기보다는 보살핌을 받는다는 데서 생겨나는 기쁨과 안전에 대한 감정이다. 그렇다면 원격 존재가 아무리 정교한 형태라 할지라도 그것은 당연히 피와 살이 있는 신체에 의해 따스하게 둘러싸여져 있다는 근접성 의식과 어떤 방식으로든 연결되어 있다. 그렇지 않다면 그것은 우리의 존재와 너무나 동떨어져 있고, 심지어 외설적으로까지 느껴진다.

게다가 누군가를 신뢰하기 위해 당신은 그 사람에게 약한 면을 보여야 하고, 그도 당신에게 약한 면을 보여야 할 것이다. 부분적으로 신뢰는 다른 사람이 당신의 약점을 이용하려 들지 않는다는 경험에 기초한다. 나는 어떤 사람과 같은 방에 머물면서 그 사람이 나의 신체에 상처를 주거나 공공연하게 나를 모욕할 수 있다는 것을 안다. 하지만 내가 그를 신뢰한다는 것은 그가 그런 행동을 하지 않을 것이라는 것, 그리고 다른 방식으로 말하면 내가 그에게 약점을 보일 수 있다는 것을 의미한다.

의심할 여지없이 원격 존재도 이러한 신뢰에 기초할 수 있다. 그러나 이것은 아주 약화된 신뢰이다. 그럼에도 불구하고 인터넷의 미래 세계에서 우리는 할로의 원숭이들과 같이 완전한 고립을 선택하기보다는 원격 존재를 선호하게 될 것이다. 실제 어미를 잃어버린 이 원숭이들은 원격 통신 어미를 멀리하고, 양면에 보풀이 있는 천 원숭이에 절망적으로 매달린다. 그들은 실제 어

미의 팔에 안겨 있을 때의 안도감과 안전감을 알지 못한다.[28]

이것은 우리가 우리를 껴안아 주는 모든 사람을 자동적으로 신뢰한다는 의미가 아니다. 이와는 아주 거리가 멀다. 메를로 퐁티는 우리가 특정한 경험의 현실을 의심할 수 있는 것은 지각된 세계의 현실과 존재에 대한 신체화된 신념을 배경으로 깔고 있을 때뿐이라고 말한다. 마찬가지로 우리는 우리를 부드럽게 만지는 사람들을 신뢰하는 성향을 바탕에 깔고 있다. 그리고 우리가 어떤 특정한 경우에 상대를 신뢰할 수 없게 되는 것은 오직 이 '원신뢰(Urtrust)'에 근거해서이다. 사이버스페이스에서처럼 배경이 되는 신뢰가 사라진다면 우리는 모든 사회적 상호 작용의 신뢰성을 의심하고, 신뢰를 정당화하기 전까지 우리는 신뢰를 유보할 것이다. 이 회의론은 모든 인간의 상호 작용을 폐기하지는 않는다 할지라도 아주 복잡하게 만들 것이다.

결 론

이제 사물과 사람의 현실성을 의식하는 것, 그리고 다른 사람들과 효율적으로 상호 작용하는 능력을 갖는 것은 신체가 조용히 배경 속에서 작동하는 방식에 의존한다는 것을 살펴보았다. 사물을 이해하는 능력은 우리가 무엇을 하고 있는가, 그리고 무엇을 할 준비가 되어 있는가라는 현실에 대한 의식을 제공한다. 바꾸어 말하면 이것은 물리적 세계의 위험한 현실에 대한 우리의 취약성과 힘 모두를 의식하게 해준다. 신체는 중요한 것에 초점을 맞춤으로써 배경을 일깨워서 이해하도록 해주며, 우리가 보다 세밀한 상황을 인지할 수 있도록 보다 기술적으로 반응할 수 있게 해준다. 분위기에 대한 신체의 민감성은 우리의 공유된 상황을 열어 주고, 사람들과 사물이 우리에게 중요한 것이 되도록 해준다. 그리고 다른 사람의 신체와 직접적으로 관련을 맺고 긍정적으로 반응하는 신체의 성향은 신뢰감의 토대가 되며, 대인 관계를 지탱한다. 신체의 모든 일은 노력이 드는 것도 아니고 성공적이며 광범위한 것이어서 그것은 거의 인식되지 않는다. 즉 이것이 사이버스페이스에서 우리가 신체 없이 잘 지낼 수 있다고 너무나 쉽게 생각하는 이유이며, 또 사실상 그렇게 되기란 완전히 불가능한 이유이기도 하다.

IV

정보 고속도로의 허무주의:
현시대의 익명성과 책임

오! 신이 아브라함에게 말했다. "네 아들을 바치라……."

그러자 에이브가 말한다. "어디서 아들을 죽이기를 원하니이까?"

신이 말한다. "61번 고속도로에서."

맥 핑거는 루이 왕에게 말한다

내게 40개의 붉고 흰 푸른색의 신발끈과

벨소리가 나지 않는 1천 개의 전화통이 있어요

이것들을 어디에다 버려야 하는지 아십니까

그리고 루이 왕이 말했다. 잠시 생각할 시간을 다오 아들아.

그렇지 쉬운 방법이 있어 그는 말했다.

모조리 61번 고속도로로 가져가.

방랑하는 도박꾼, 그는 무척 따분해서

다음번 세계대전을 일으키려고 한다

그는 거의 땅바닥에 넘어질 뻔한 선동자를 발견했다

그가 말한다, 한번도 이런 적은 없었는데

그러나 그렇지 쉽게 할 수 있어

우리가 지붕 없는 관람석을 햇볕으로 들고 나가

61번 고속도로에 설치할 것이다.

밥 딜런, 〈다시 가 본 61번 고속도로〉

〈당대〉[1]라는 제목의 1846년에 씌어진 《문학 평론》의 한 부분에서 키에르케고르는 그의 시대가 모든 가치와 위상의 차이를 평준화시키는 사심 없는 명상과 호기심에 의해 점철되고 있다고 경고한다. 그에 의하면 이 초연한 명상은 모든 질적인 차이를 평준화시킨다. 모든 것은 동등하며, 기꺼이 죽음을 선택할 수 있을 정도로 중요한 것은 없다. 니체는 이러한 근대적 조건에 이름을 붙였다. 그것이 바로 허무주의이다.

키에르케고르는 평준화가 생겨난 것은 그가 공중(Public)이라고 일컫는 자들 때문이라고 비난한다. 그는 "정확히 평준화가 생겨난 것은 일종의 유령, 즉 귀신, 괴물적인 추상, 아무것도 아닌 신기루가 모든 것을 에워싸고 있는 어떤 것이 먼저 생겨났기 때문이다. 이 유령이 바로 '공중'이다"[2]라고 말한다. 그러나 키에르케고르는 공중 뒤에 숨어 있는 현실의 악한은 언론이라고 주장한다. "유럽은 언론으로 인해 정체될 것이며, 인류가 자신을 압도하게 될 어떤 것을 창안해 내었다는 표지로서 계속 정체될 것이다."[3] "설령 나의 삶이 더 이상 다른 중요성을 띠지 않는다 할지라도, 나는 절대적으로 풍속을 문란하게 하는 일간지의 존재를 발견했다는 데 만족한다"[4]라고 그는 덧붙인다.

그러나 왜 평준화가 공중 탓인가? 단 몇 가지만 언급하더라도 평준화는 민주주의나 테크놀로지 혹은 전통에 대한 존중의 상실 등에서 기인하는 것이 아닌가? 키에르케고르는 "기독교를 불가능하게 만든 것은 실제로 언론보다 구체적으로는 일간지이다"[5]라고 일기에 적고 있다. 이것은 놀라운 주장이다. 명백히 키에르케고르는 언론을 문화/종교에 대한 유일무이한 위협으로 간주했다. 하지만 그 이유를 설명한 부분은 아주 적다.

1846년에 키에르케고르가 공중과 언론을 공격한 것은 우연이 아니다. 그 이유를 이해하기 위해서 우리는 1세기를 거슬러 올라가야 한다. 〈공론 장의 구조 변동〉[6]에서 위르겐 하버마스는 그가 말하는 '공론 장'이 18세기 중반에 시작되었다고 주장한다. 그는 그 시대에 언론과 커피하우스는 새로운 형태의 정치 토론의 중심이었다고 설명한다. 이 새로운 담론의 영역은 고대의 폴리스 혹은 공화국과는 매우 다르다. 근대의 공론 장은 정치 권력의 바깥에 존재하는 것으로 이해된다. 하지만 공론 장의 정치 외적인 위상이 정치 권력을 결여한다는 식으로 부정적으로 정의되는 것만은 아니다. 공론은 단순히 정치 권력의 행사가 아니기 때문에 어떤 당파적 정신으로부터도 보호된다. 계몽주의 지식인들은 공론 장을 정부와 인간의 삶을 안내하는 이성적이고 사심 없는 명상을 제도화하고 세련시킬 수 있는 공간으로 간주했다. 구속력 없는 토론은 자유로운 사회의 본질적 자질로서 간주되었다. 언론이 공적 토론을 일반 시민들이 참여하는 보다 더 넓은 독자층으로 확장함에 따라 버크는 "자유 국가에서 모든 사람은 자신이 모든 공적인 문제들에 관심을 가지고 있다고 생각한다"[7]고 이를 찬양했다.

일간지가 보다 확장된 그 다음 세기에 공론 장은 점차적으로 민주화되었다. 그러나 하버마스에 따르면 이러한 민주화는 놀랍게도 "[19세기] 중반, '공론'의 사회적 전제 조건을 변화시키는 결과를 낳았다."[8] "언론의 증식에 의하여…… 공중이 확장됨으로써 공론의 지배는 다수의 평범한 사람들에 대한 지배로 나타났다."[9] J. S. 밀과 알렉시 드 토크빌을 포함한 많은 사람들은

'공론의 폭정'을 두려워했다.[10] 따라서 밀은 '공중에 포섭되지 않는 비순응주의자들'을 보호해야 한다고 촉구했다.[11] 하버마스에 의하면 토크빌은 "교육과 권력을 장악한 시민들이 소위 '엘리트 공중'을 형성하여 이들의 비판적 논의가 공론을 결정한다"[12]고 주장했다.

〈당대〉는 사실 키에르케고르가 얼마나 독창적이었는지를 보여 준다. 토크빌과 밀은 대중들이 엘리트의 철학적 지도력을 필요로 한다고 주장했고, 하버마스 역시 일간지에 의한 공론 장의 민주화 같은 1850년대의 사건은 불행히도 공론 장이 반드시 벗어나야 하는 순응주의로 퇴보한 것이라며 이들의 주장에 동조했다. 반면 키에르케고르는 공론 장을 위험스러운 새로운 현상으로 간주하고, 언론에 의해 형성된 공론 장의 허무주의는 초연한 명상이라는 계몽주의적 이상이 애초부터 지니고 있었던 깊은 오류를 드러낸다고 본다. 그러므로 하버마스가 공론 장의 도덕적이고 정치적 가치들을 재포착해 내고자 했다면, 키에르케고르는 공론 장을 구출할 방법은 없다고 경고한다. 왜냐하면 공론 장은 애초에 그 근원이 평준화에서 시작되었기 때문에 그것은 구체적이고 책임 있는 단체와는 성격을 달리한다는 것이다.

이 평준화는 다음 몇 가지 방법으로 생겨났다. 첫째, 정보를 상황에서 분리하여 대중적이고 새로운 방식으로 분배함으로써 모든 사람들은 정보를 즉각적으로 이용할 수 있다. 따라서 이것은 탈상황적인 초연한 구경꾼을 생산한다. 정보를 한 국가의 모든 사람에게 산포하는 언론의 새로운 권력은 독자들로 하여금 자신의 지역과 개인적인 관련성을 초월해서 직접적으로 관련되지 않는 것에 대해서도 목소리를 높이게 만든다. 이 점에서 버크는 모든 사람을 독려하여 모든 것에 자신의 의견을 피력하도록 만드는 언론을 높이 평가한다. 또한 하버마스는 이를 민주화의 승리로 간주했다. 그러나 키에르케고르는 공론 장이 모든 것에 초연한 세계를 만들 것이라고 보았다. 즉 공론 장으로 인해 모든 사람들은 직접적으로 경험할 필요도 책임감을 느낄 필요도 없이 모든 공적인 문제에 대해 의견을 개진할 수 있고 논평할 수 있는 세계 속에 운명적으로 살게 될 것이라는 것이다.

언론과 언론의 퇴폐적인 후손들인 토크 쇼는 충분히 나쁘지만, 키에르케고르의 관심사가 언론의 타락에 있는 것이 아니다. 키에르케고르에게 보다 더 위험한 것은 하버마스가 공론 장에 관해 갈채를 보냈던 바로 그 점이다. 키에르케고르에 따르면 "공중은…… 모든 개인성의 상대성과 구체성을 다 먹어치운다."[13] 공론 장은 특정한 쟁점이 생겨나는 특정 지역의 실천과 의도적으로 유리된, 모든 곳에 편재하는 논평가를 만들어 낸다. 하지만 이러한 쟁점들은 책임 있는 행동을 통해 해결되어야 하는 것이다. 계몽주의의 초연한 이성에서 덕목으로 간주되던 것이 키에르케고르에게는 치명적인 약점이 된다. 아무리 양심적인 논평가라 할지라도 직접적인 경험을 할 필요도 없고, 구체적 자세를 취할 필요도 없다. 그들은 원칙을 인용함으로써 자신의 견해를 정당화한다고 키에르케고르는 불평한다. 추상적 추론을 통해 내리는 결론이 특정 지역의 실천에 뿌리박고 있지 않기 때문에 그것은 관련된 사람의 책임을 요구하지 않는다. 결과적으로 그것들이 설령 법으로 규정된다 할지라도 효력을 발휘하지 못할 것이다. 키에르케고르는 〈당대〉에서 다음과 같이 설명한다.

공중이란 하나의 민족도 아니려니와 하나의 세대도 하나의 지역 사회도 하나의 단체도 또 그것들에게 속해 있는 어떤 특정한 사람들도 아니다. 왜냐하면 이 모두는 구체적인 것에 의해서만 그러그러한 존재로 존재하기 때문이다. "공중에 속하는 사람들 중 본질적으로 어떤 것에 참여하고 있는 사람은 단 한 명도 없다."[14]

보다 기본적으로 키에르케고르에게 공론 장이 정치 권력의 바깥에 존재한다는 것은 행동하지 않고서도 무엇에 대해서든 의견을 지닐 수 있다는 의미이다. 그는 "[공중이라는] 인공물, 그것의 상식, 그것의 예술성은 모든 문제에 대해서 행동하지 않고서도 판정을 내리고 결정을 내릴 수 있도록 구성된다"라고 비판적으로 언급한다.[15] 이것은 끝없는 명상의 가능성을 열어 준다. 왜냐하면 결정을 내리고 행동할 필요가 없다면, 사람들은 모든 것을 모든 측면에서 고려하지 않고 항상 새로운 관점을 발견하기 때문이다. 그러므로 정보의 축적은 판단을 무한히 유보한다. 사람들이 보다 많은 것을 발견하면 할수록 세계상, 그리고 나아가 무엇을 해야 할 것인가에 대한 상이 수정되는 것은 언제나 가능하다. 키에르케고르는 모든 것이 끊임없이 비판적 논평으로만 끝날 때 행동은 항상 유보될 수 있다는 것을 알았다. "(반복) 명상([R]eflection)은 매순간 새로운 관점으로 문제를 볼 수 있게 하고, 그 문제에서 도피할 수 있는 한 척도를 제공한다."[16] 따라서 사람들은 결코 행동할 필요가 없다.

우리와 같은 명상의 시대가 생산하는 모든 것은 보다 더 많은 지식이다. "열정 없는 명상의 시대를 열정이 있었던 시대와 비교해서 '이 시대는 강도(intensity)에서 잃은 것을 확장(extensity)에서 얻는다'라고 일반화할 수 있다"[17]고 키에르케고르는 설명한다. 이어서 그는 "우리는 모두 어떤 길을 선택해야 하고, 어떤 길이 선택되어야 하는지를 알고 있지만 아무도 그것을 선택하지 않는 다"[18]고 덧붙인다. 아무도 공중이 가지고 있는 견해의 이면을 보지 않고, 아무도 기꺼이 행동하지 않는다. 그는 일기에서 다음과 같이 쓴다: "여기에…… 가장 무시무시한 두 가지 곤경이 있다. 이것은 몰개성적인 중심 권력들로 그 하나는 언론이며, 나머지 하나는 익명성이다."[19] 그러므로 키에르케고르가 언론에 제시한 모토는 다음과 같다: "여기서 사람들은 가능한 한 가장 짧은 시간에, 가능한 한 가장 거대한 규모로, 가능한 한 가장 싼 가격에 탈도덕화되었다."[20]

〈당대〉에서 키에르케고르는 그의 시대에 진행되고 있었던 평준화와 공론 장 및 언론의 관계에 대한 자신의 견해를 간결하게 요약한다. 탈상황적이고 익명적인 언론과 명상의 시대의 열정과 책임감의 결여, 이 두 가지가 결합하여 공중 즉 허무주의적 평준화의 대리인을 낳는다.

언론의 추상성(잡지니 신문이니 하는 것은 정치적 응집체가 아니라 추상적인 의미에서만 하나의 개체이기 때문이다)은 명상적이고 열정이 없는 이 시대의 성격과 야합하여 추상성의 유령인 공중, 즉 진정한 평준화를 추진하는 장본인을 낳는다.[21]

키에르케고르는 확실히 인터넷을 예견하고 있다. 웹사이트는 전세계의 익명의 정보로 가득 차 있고, 그 이해 단체에는 전세계의 어떤 사람이라도 자격 없이 가입할 수 있으며, 어떤 주제에 대해서도 결론 없이 끊임없이 토론을 벌일 수 있다. 이것은 신문과 커피하우스의 최악의 속성들을 하이테크로 합성한 것이다.[22] 인터넷 덕분에 버크의 꿈은 실제로 현실화되었다. 뉴스 그룹에서 모든 사람은 시간과 장소에 관계 없이 어떤 것에 대해서도 의견을 개진할 수 있다. 모든 사람은 너무나 거리낌 없이 도처에서 자신의 견해를 게시하는 다른 익명의 아마추어들의 꼭같이 뿌리 없는 의견들에 반응한다. 논평가들은 그들이 말하는 쟁점에 대해 자신의 입장을 지니지 않는다. 실제로 네트의 바로 그 편재성은 특정한 지역에 입각한 태도가 아무런 관련이 없는 것처럼 보이게 만든다.

키에르케고르가 상상하는 언론의 무차별적이고 책임감 없는 보도의 결과는 이제 월드 와이드 웹에서 완전히 실현되고 있다. 하이퍼링크 덕분에 의미 있는 차이들이 정말로 평준화되었다. 관련성과 중요성은 사라졌다. 이것은 정말 중요한 웹의 매력이다. 너무나 사소하기 때문에 포함될 수 없는 것은 없다. 너무나 중요해서 특별한 자리를 차지해야 할 것도 없다. 키에르케고르는 종교에 관한 글에서 신은 죄인의 구원과 참새의 추락에 동시에 관심을 가지며, 이들 사이에 차별을 두지 않는다고 말한다.[23] 즉 "신에게는 너무나 중요한 것도 없고, 중요하지 않은 것도 없다."[24] 그는 그러한 생각이 사람을 '절망의 나락'으로 이끌어 갈 수 있다고 말한다.[25] 웹의 매력과 위험은 모든 사람이 이러한 신과 같은 관점을 취할 수 있다는 것이다. 사람은 케임브리지에 있는 커피포트나 가장 최근의 초신성(超新星; Supernova. 보통 신성보다 1만 배 이상 빛을 내는 큰 천체)을 볼 수 있고, 교토 프로토콜(Kyoto Protocol)을 연구할 수도 있고, 연구비가 어떤 이력을 지닌 사람에게 주어졌는지 알 수도 있고, 로봇에게 지시를 내려 오스트리아에 씨를 뿌리고 물을 줄 수도 있을 것이다. 물론 당연히 수천 개의 광고를 통해 쟁기질도 할 수 있을 것이다. 이 모든 것은 똑같이 쉽게 중요한 것에 대한 의식 없이 이루어진다. 가장 중요한 것과 절대적으로 사소한 것은 모두 아브라함이 이삭을 제물로 바친 것, 붉고 흰 푸른색 신발끈, 울리지 않는 수천 개의 전화기, 그리고 다음번 세계 전쟁이 딜런의 허무주의적 61번 고속도로에 나열되어 있는 방식 그대로 정보 고속도로에 함께 나열된다.

키에르케고르는 심지어 인터넷이 촉구하는 궁극적인 행위가 명상일 것이라는 것을 예견했다. 즉 그것이 얼마나 거대한지, 얼마만큼 더 커질 수 있는지, 그리고 약간의 의미라도 있다면 이 모든 것이 우리 문화를 위해 어떤 의미를 지니는가에 대한 명상 말이다. 물론 이런 종류의 논의는 키에르케고르가 질색을 했던 바로 그 안개 자욱한 익명의 명상이 될 우려가 있다. 발화자라는 자신의 입장에 언제나 민감했던 키에르케고르는 결론적으로 당대의 위험에 대한 분석과 유럽의 암울한 미래를 다음과 같이 반어적으로 예견한다: "이 시대 이후로는 어떠한 일도 실제로는 행해지지 않기에 미래에 대한 예언과 계시, 암시와 통찰이 전례가 없을 정도로 많이 쏟아지고 있어도 이러한 추세에 참여하는 것 외에는 어떠한 다른 할 일도 없을 것이다."[26]

키에르케고르의 공중의 평준화와 마비되고 있는 명상에 대한 유일한 대안은 정열적인 책임감에 자신을 내던지고, 어떤 종류의 활동이든지간에 활동 속에 침잠하라는 것이다. 〈당대〉에서 그는 당대인들에게 그러한 도약을 하라고 권한다.

오늘날은 행동과 결단이 거의 없는 시대이다. 오늘날 사람들은 마치 수영을 하고 싶은 위험한 욕망을 지니고는 있지만, 얕은 물 속을 거닐어 보는 것으로 이를 대신하는 것으로 보인다. 그러나 파도가 가볍게 자신에게 부딪히는 것이 즐겁다고 생각하는 성인들은 젊은 사람들을 부른다: "이리 와, 여기로 바로 뛰어들어와 봐."——이렇게 되면 소위 말하는 결단이 존재 속에[당연히 개인 속에] 자리하게 되고, 과도한 명상에 의해 아직 지치지 않은 젊은 사람들에게 소리친다……: "이리 와, 여기에 몸으로 뛰어들어와 봐." 설령 이것이 무모한 도약이라 할지라도 그것이 결정된 이상 그것은 당신 안에 지닌다면, 당신의 무모함에 대한 위험성과 삶에 대한 엄한 판단은 당신이 하나가 되도록 도울 것이다.[27]

얕고 평준화된 당대로부터 도약하여 더 깊은 물로 마음 편하게 뛰어드는 사람을 키에르케고르는 '존재의 유미적 영역'으로 도약하는 사람들로 전형화한다. 앞으로 우리가 살펴보겠지만 키에르케고르에게 존재의 세 영역은 각각 어떤 방식의 삶을 절대적인 것으로 만듦으로써 당대의 평준화로부터 벗어나고자 하는 각각의 방식을 대표한다.[28] 유미적 영역에 있는 사람들은 즐거움을 그들 삶의 중심으로 삼는다.

유미적 반응은 정보 수집이 삶의 한 방식이 되는 네트 항해자들의 특성이다. 네트 항해자들은 모든 것에 호기심을 가지고 있으며, 매순간 가장 최근의 새로운 웹 사이트들을 방문하면서 시간을 보낼 준비가 되어 있다. 그들은 순수한 가능성의 영역을 즐긴다. 그들에게는 가능한 한 많은 사이트들을 방문하고 새로운 것을 계속 유지해 가는 것이 삶의 목적 그 자체이다. 이러한 유미주의자들에게 평준화를 저지하는 질적인 구분은 '흥미로운' 사이트와 '지겨운' 사이트를 구분하는 것이다. 네트의 덕분으로 흥미로운 것은 언제나 단 한번의 클릭으로 사라진다. 인생은 우주에서 흥미로운 모든 것들을 구경하는 것으로 지겨움과 싸워 나가고, 마음이 내킬 때 다른 모든 사람들과 통신을 하는 것으로 이루어진다. 이러한 삶은 우리가 현재 탈근대 자아라고 부르는 것을 낳는다. 이 자아는 정의할 수 있는 내용이나 계속성은 없지만 모든 가능성에 열려 있고 끊임없이 새로운 역할을 떠맡는다.

하지만 우리는 여전히 웹의 이용이 왜 그렇게 매력적인지 이유를 설명해야 한다. 아무리 사소하다 할지라도 모든 것에 다 능통할 수 있는데 왜 이곳에 감동과 흥분이 존재하는가? 호기심을 정열적으로 유발하는 동기는 무엇인가? 키에르케고르는 사람들이 언론에 중독되어 있다고 생각했다. 이제 우리는 여기에 웹을 추가한다. 왜냐하면 익명의 구경꾼들은 '어떤 위험도 감수하지' 않기 때문이다. 유미적 영역에 있는 사람들은 모든 가능성에 대해 열려 있고, 실망이나 굴욕 혹은 상실에 의해 위협받을 수 있는 어떤 고정된 정체성도 지니지 않는다.

웹상의 삶은 유미적 존재 양식에 더할나위없이 잘 적용된다. 인터넷에서 책임은 기껏해야 가상적 책임이다. 셰리 터클은 네트가 자아의 양상을 결정해 주는 실제 배경을 변화시켰다고 기술했다. 《스크린상의 삶》에서 그녀는 '정체성의 대중적 이해를 변화시키는 인터넷의 능력'에 대하여 자세히 묘사한다. 그리고 인터넷에서 "우리는 자신을 '유동적이고 부상하는, 탈중심화되고 다수적이며, 융통성 있고 언제나 자라나고 있는' 존재로서 생각하게 된다"[29]고 말한다. 그러므로 "인터넷은 탈근대의 삶의 특징인 자아의 구성과 재구성을 가지고 실험하는 중요한 사회적 실험실이 된다."[30]

　대화방에서 사람들은 여러 명의 자아 역할을 할 수 있다. 하지만 이 중 어떤 것도 진정한 자아로 인정되지 않는다. 이것은 이론적으로도 가능할 뿐만 아니라 실제로 새로운 사회적 관습이 도입된 것이다. 터클은 다음과 같이 말한다.

　　인간의…… 정체성을 다시 생각하는 것은 철학자들을 통해서가 아니라 어떤 측면에서는 컴퓨터 존재에 의해 증명되고 동시에 실행되는 매일의 삶의 철학을 통한 '토대에서' 생겨나는 것이다.[31]

　그녀는 네트에서 경험하는 것이 아무런 결실이 없기 때문에, 네트는 그녀가 '실험성'이라고 일컫는 바를 고무한다고 언급하면서 이에 동의를 표한다.[32] 바로 이런 이유에서 네트는 사람들을 해방시켜서 새롭고 흥미로운 자아들을 계발하게 해준다. 존재의 유미적 영역에서 살아가는 사람은 확실히 이에 동의하겠지만, 키에르케고르는 "가능한 모든 것을 아는 것과 가능한 모든 존재가 되는 것 사이에서 결과적으로 사람들은 자신과 모순에 처하게 된다"[33]고 말한다. 키에르케고르는 유미적 존재보다 더 높은 단계로 들어가게 되면, 자아는 '변화무쌍함과 재기'를 획득하는 것이 아니라 '단호함·균형·견실함'을 획득하게 된다고 말한다.[34]

　그러므로 유미적 영역은 궁극적으로 인간이 살 수 없는 곳으로 보인다. 유미적 영역이 인생에 의미를 부여해 주기를 기대하면서 완전한 책임감을 가지고 유미적 영역으로 도약한다면, 그 영역은 부서져 사라질 수밖에 없다고 키에르케고르는 주장한다. 중요하지 않은 것에서 중요한 것을 구분하고 관련 없는 것에서 관련 있는 것을 구분할 수 있는 방법이 없다면 모든 것은 똑같이 흥미롭고 똑같이 지겨울 것이며, 사람들은 당대의 무관심으로 자신이 되돌아가고 있다고 생각할 것이다. 이러한 절망을 경험한 유미주의자의 관점에서 글을 쓰면서——이러한 절망을 경험한다는 것은 곧 유미적 단계가 깨어지고 있다는 것을 뜻한다——그는 다음과 같이 한탄한다: "나의 삶에 대한 명상은 완전히 의미가 없다. 나는 이것을 어떤 악령이 나에게 안경을 씌운 것으로 간주한다. 이때 한쪽 안경은 모든 것을 엄청나게 확대하고, 나머지 한쪽 안경은 같은 정도로 모든 것을 축소한다."[35]

중요한 것과 사소한 것을 구분할 수 없다는 것은 흥분을 완전히 없애고, 유미주의자인 네트의 항해자들이 평생토록 회피하고자 하는 바로 그 지겨움으로 이어진다. 한 사람이 유미적 영역 속으로 자신을 던진다면, 그는 마침내 유미적 방식의 삶이 평준화를 극복하지 못한다는 것을 알게 될 것이다. 키에르케고르는 이러한 각성을 절망이라고 부른다. 따라서 그는 "삶에 대한 모든 유미적 관점은 절망이며, 유미주의적으로 살아가는 모든 사람은 그가 그것을 알든 모르든 절망에 빠진다. 그러나 사람이 이를 깨닫는다면 보다 고양된 존재의 양식이 필요 불가결하게 요청된다."[36]

보다 고양된 존재의 양식을 키에르케고르는 '윤리적 영역'이라고 부른다. 윤리적 영역에서 사람은 안정된 정체성을 지니고서 몰입된 행위에 종사하게 된다. 정보는 가지고 노는 것이 아니라 보다 진지한 목적을 위해 탐색되고 사용된다. 정보 수집이 그 자체로 목적이 아니기 때문에 웹상에 있는 모든 신뢰할 만한 정보는 가치 있는 자원으로 진지한 관심의 대상이 된다. 이러한 관심은 사람들이 인생의 계획을 세우고 진지한 임무를 수행하도록 해준다. 그러므로 그것은 수행해야 하는 것과 그 수행을 위해 관련된 정보가 무엇인지를 결정하는 것을 목적으로 한다.

인터넷이 행위에 책임을 부여하고 책임감을 유지하도록 도와주고 지원할 수 있다면, 인터넷은 윤리적 영역의 삶의 토대가 될 수 있다. 그러나 키에르케고르는 필경 다양한 주장을 망라하며, 손쉽게 참여할 수 있는 네트의 수많은 이해 단체들은 마침내 윤리적 영역의 파괴를 낳을 것이라고 주장할 것이다. 주장의 복수성과 손쉬운 참여는 비록 이것이 행동을 촉구한다 할지라도 궁극적으로는 어떤 책임을 진지하게 받아들여야 할지 자의적으로 판단하거나, 혹은 판단 마비 상태로 이어진다.

《이것이냐 저것이냐》에서 윤리적 영역을 기술하면서, 키에르케고르가 필명으로 등장시킨 저자인 윌리엄 판사처럼 자의적 선택을 피하기 위해서는 한 사람의 삶에서 일어난 일들을 그 사람의 책임으로 한정시켜야 한다. 윌리엄 판사는 관련된 가능한 책임의 범위를 판사와 남편으로서의 자신의 사회적 역할들과 자신의 능력에 한정한다고 말한다. 혹은 보다 동시대적인 예를 들자면 사람들은 자신의 삶-상황에 대한 어떤 사실들을 기반으로 해서 어떤 이해 단체에 참여할지 선택할 수 있다. 결국 병뚜껑에서부터 키에르케고르와 같은 문화적 스타에 이르기까지 모든 것에 관심을 보이는 것은 단지 이해 단체들만은 아니다.[37] 예를 들어 희귀한 불치병을 앓는 아이들의 부모들을 위한 이해 단체도 있다. 윤리적인 네트의 열광자들은 평준화를 피하기 위해 필요한 모든 것은 인생의 우발적인 상황에 기반하여 부각된 문제를 선택하여, 그것에 일생을 헌신한다고 주장할 수 있다.

그러나 윤리적 영역에서 인간의 목적은 키에르케고르가 정의하듯이 도덕적으로 성숙한 것이 되어야 한다. 그리고 칸트는 도덕적 성숙성은 명쾌하고 '자유로이' 행동하는 능력으로 구성된다고 주장한다. 그러므로 윤리적 단계에서 살아가기 위해서는 삶의 의미를 우발적 사건에 중요성을 부과하는 것에 토대를 두어서는 안 된다. 윌리엄 판사는 자율적 행위자로서 자유로이 자신의 재능과 역할, 그리고 자신에 관한 다른 모든 사실들에 대해 그가 선택한 어떤 의미든 부여할 수 있다. 그러므로 자신의 삶에 자유로이 의미를 부여한다는 것은 궁극적으로 스스로 중요하다고 판단하지 않는 이상 그의 재능이나 사회적 의무에 의해 제약받지 않는다.

윌리엄 판사는 그의 삶에서 중요한 것을 선택한다는 것은 무엇이 가치 있고 가치 없는가, 무엇이 선이고 악인가에 대한 보다 근본적인 선택에 기초한다고 생각한다. 윌리엄 판사는 다음과 같이 설명한다.

선은 내가 그것을 할 의지가 '있다'는 것이며, 나의 의지가 없다면 선은 존재하지 않는다. 이것은 자유의 표현이다……. 하지만 이것은 선악의 구분을 오로지 주관적인 것으로 축소하거나, 주관적인 것이라 비난해야 한다는 것은 아니다. 이와는 반대로 이러한 구분의 절대적 유효성을 긍정해야 한다.[38]

그러나 키에르케고르는 인간의 선택의 기초가 되는 기준까지 포함해서 모든 것이 선택의 문제라면, 다른 기준들을 제쳐 놓고 한 기준을 선택해야 할 이유는 없다고 말한다.[39] 게다가 인간이 완전히 자유롭다면 삶의 지침을 선택하는 것은 결코 심각한 차이를 야기하지 않는다. 왜냐하면 사람은 항상 자신의 이전의 선택이 무효라고 선택할 수 있기 때문이다. 책임을 언제나 자유로이 폐기할 수 있다면 나는 책임감을 지니는 것이 아니다.[40] 자유롭게 선택된 책임은 사실상 새로운 정보가 나오는 매순간 재고할 수 있고 재고될 수 있다. 그러므로 윤리적인 것은 절망을 깨뜨릴 수 있다. 왜냐하면 내가 나의 삶에서 중요하다고 생각한 사건에 매달려 있다면 나는 자유롭지 않을 것이고, 그렇지 않다면 책임을 감수하거나 책임을 폐기하는 순수 자유의 힘이 그 자체의 뿌리를 침식할 수 있기 때문이다. 키에르케고르는 후자를 다음과 같이 말한다.

절망하는 자아가 '능동적'이라면, 설령 그 자아가 무엇을 기도하든 아무리 위대한 것, 아무리 놀라운 것을 끈기 있게 계획한다 하더라도 그 자아는 본래 언제나 오직 실험적으로만 자기 자신에게 관계하고 있는 것이다. 자아는 자신을 지배하는 힘을 인정하지 않기 때문에 그 자아는 결국 진지함을 결여한다……. 자아는 매순간 아주 임의적으로 계속해서 다시 출발한다.[41]

진지한 행동의 토대가 된다고 가정되는 질적인 구분을 '선택'하는 것은 그 선택을 뿌리째 흔든다. 따라서 결국 키에르케고르가 말한 윤리적 영역의 절망에 도달할 수밖에 없다. 한 인간이 살아가는 과정에서 발생한 우발적 사건에 직면하여 이것이 결정적으로 중요하다고 자유롭게 '판단' 내림으로써만 그 사건은 정말 중요해진다. 그러나 이때 인간은 동시에 그것이 중요하지 않다고 자유롭게 결정 내릴 수 있다. 그래서 윤리적 영역에서 모든 의미 있는 차이는 자신의 자유를 절대적으로 만듦으로써 평준화된다.

키에르케고르에 따르면 인간은 개인의 세계를 열어 주는 개인의 정체성을 '소여' 받음으로써 오로지 책임감의 평준화를 멈출 수 있다. 자유로이 선택할 수 있고, 또 자유로이 폐기할 수 있는 책임에 대한 윤리적 관점은 다행히도 우리에게 가장 중요한 책임을 보증해 주지 않는다. 이 특별한 책임은 우리의 전존재를 포착함으로써 경험되는 것이다. 이런 방식으로 정치적이고 종교적 운동을 우리는 포착한다. 사랑의 관계도 마찬가지이며, 어떤 사람들에게 있어서 과학이나 예술과 같은 그런 '직업'도 마찬가지이다. 우리가 키에르케고르가 칭한 무한한 정열을 가지고서 이러한 설교에 반응할 때——우리가 '무조건적 책임'을 받아들일 때——이 책임은 무엇이 우리의 나머지 인생에서 중요한 쟁점이 될 것인가를 결정해 준다. 그러므로 무조건적 책임은 나의 삶에서 중요한 것과 사소한 것, 관련된 것과 관련 없는 것, 진지한 것과 유희적인 것 사이의 질적인 구분을 설정함으로써 평준화를 가로막는다. 이러한 취소할 수 없는 책임을 가지고서 사는 것은 인간을 키에르케고르가 말하는 '기독교/종교적 존재의 영역'으로 인도하는 것이다.[42]

그러나 물론 이러한 책임은 사람을 취약하게 만든다. 인간의 주장에는 오류가 있을 수 있다. 연인이 작별을 선언할 수도 있다. 당대의 초연한 명상, 유미적 영역의 초유연성, 그리고 윤리적 영역의 구속되지 않는 자유는 모두 인간의 취약성을 피하기 위한 방식들이다. 그러나 키에르케고르는 바로 그 이유에서 이 영역들은 모든 질적인 구분을 평준화하고 종국에 가서는 무의미의 절망으로 빠지게 만든다고 주장한다. 오로지 위험한 무조건적인 책임과 그것이 낳는 강한 정체성만이 개인에게 독특한 질적인 구분에 의해 구성된 세계를 부여한다.

이것은 당혹스러운 질문으로 이어진다: 무조건적 책임을 촉진하고 지원하기 위해 인터넷이 할 수 있는 역할은 무엇인가? 조금이라도 할 것이 있는가? 첫번째 제안은 비행기 시뮬레이션을 통해 비행법을 배우는 것과 같이 실험적으로 웹에서 살아봄으로써 한 단계씩 이동해 보자는 것이다. 인간은 자신을 던져서 네트의 항해를 즐기라고 유혹받는다. 그리고 지겨워지면 어떤 이해단체들이 중요한지 자유롭게 선택하는 단계로 이동하고, 여기서 그 부조리성이 노출되면 최종적으로 절망에서 벗어나는 유일한 길인 위험한 무조건적 책임으로 뛰어들 수 있을 것이다. 실제로 어떤 단계에서도 웹 항해를 하면서 모든 종류의 흥미로운 웹사이트들을 찾는 것에서 대화방의 대화를 시작하고, 인생의 중요한 문제를 다루기 위해 이해 단체에 참여하는 것에 이르기까지 평생을 책임감을 가지고 바쳐야 할 일에 이끌려 들어갈 수 있을 것이다. 이것을 의심할 여지가 없다. 대화방에서 만난 사람들이 사랑에 빠질 수는 있다. 이것은 물론 개연성은 없지만 사실이다.

키에르케고르는 확실히 공론 장이나 언론과 같이 인터넷에도 무조건적 책임이 '전혀 존재하지 않는다'고 말하지는 않지만, 종국적으로는 무조건적 책임을 뿌리째 뒤흔들어 놓을 것이라고 주장할 것이다. 시뮬레이터와 마찬가지로 넷은 모든 것을 포착하지만 단 하나 위험은 포착하지 못한다.[43] 게임을 하고, 영화를 볼 때와 마찬가지로 위험을 받아들이는 데 있어 상상력을 충분히 동원한다면 시뮬레이션은 기능을 익히는 데 도움을 줄 것이다. 그러나 게임은 한정된 영역에서 일시적으로 우리의 상상력을 동원하지만 실세계의 진지한 책임을 시뮬레이트할 수는 없을 것이다. 상상된 책임은 상상력이 촉각이나 청각보다 앞서서 시뮬레이션에 의해 포착될 때에만 작동한다. 그리고 그것은 컴퓨터 게임과 네트가 제공해 주는 것이다. 이 경우 위험은 단지 상상된 것이라 장기적인 결실을 거두지 못한다.[44] 시뮬레이션된 이미지와 시뮬레이션된 책임의 세계 속에서 살아가고 싶은 유혹을 받지만 이것은 시뮬레이션된 삶을 살도록 만들 뿐이다. 키에르케고르가 당대에 대해 말한 바와 마찬가지로 "이것은 인간의 일을 비현실적인 기술의 업적으로 만들고, 현실을 극장으로 변형시킨다."[45]

인간이 무조건적 책임을 획득했는가에 대한 테스트는 오로지 인간이 열정과 용기를 가지고서 자신이 네트상에서 배운 바를 현실 세계로 전이할 수 있을 때에만 이루어진다. 이때 인간은 키에르케고르가 말한 '위험과 삶의 엄격한 판단'에 직면할 수 있다. 그러나 정확히 네트의 매력은 키에르케고르 시대의 언론과 마찬가지로 상술한 최종적인 도약을 금지하는 데 있다. 실제로 현실 세계에서 현실적 정체성이 위험에 처하게 된 사람들이 네트를 이용할 때, 그들은 우선적으로 자신이 이끌린 네트의 매력의 결을 거슬러서 행동할 것이다.

아마도 이 점에서 키에르케고르는 옳다. 언론과 인터넷은 무조건적 책임의 궁극적인 적이다. 하지만 키에르케고르가 말한 존재의 종교적 영역의 무조건적 책임은 계몽에 의해 생겨났으며, 언론과 공론 장에 의해 촉진되고 월드 와이드 웹에서 완성된 허무주의적 평준화로부터 우리를 구제해 줄 수 있을 것이다.

결 론

이제까지 우리는 정서를 포함하고 있는 신체가 결정적인 역할을 수행한다는 것을 살펴보았다. 신체는 우리에게 사물의 이치를 깨닫게 해주며, 무엇이 관련된 것인지, 어떤 것이 우리에게 문제가 되는지를 알게 해주고, 여러 가지 기능과 사물에 대한 현실 의식과 다른 사람에 대한 신뢰감을 획득하게 해주며, 마지막으로 우리의 삶에 의미를 부여해 주는 무조건적 책임을 수행할 수 있는 능력을 획득할 수 있게 해준다. 이러한 신체화된 능력 없이 무엇인가를 할 수 있다고 생각하는 것은 심각한 오류이다. 다시 말해 월드 와이드 웹은 우리에게 상황에 얽매인 취약한 신체를 떠나서 탈신체화된, 초연한, 도처에 편재하는 정신들로 살아갈 수 있는 기회를 점점 더 많이 제공해 주지만 이를 기꺼이 받아들이는 것은 심각한 잘못이다.

우리는 웹이 제공해 주는 것과 웹으로 인해 잃어버리는 것 사이에는 언제나 트레이드 오프가 존재한다는 것을 살펴보았다. I장에서 논의한 하이퍼링크의 경우, 트레이드 오프는 대칭적이거나 상반되는 선택이라 불릴 수 있다. 이것은 관련성 있는 정보를 원하는가, 아니면 보다 광범위한 정보를 원하는가의 문제로서 정보의 질과 양 중 하나를 선택하는 문제이다. 어느쪽도 본질적으로 우월하지 않기 때문에 어느쪽이 자신에게 보다 더 의미 있는가가 선택의 관건이다. 따라서 사람들은 자신의 실용적 목적에 부합하는가, 아니면 자신의 감각이 근대적인가 탈근대적인가에 따라서 둘 중 하나를 단순히 선택해야 한다.

하지만 II, III, IV장에서 이 선택은 보다 복잡해진다. 두 개의 선택은 동일하지 않다. 하나의 선택이 다른 선택보다 우월하다. 이것은 비대칭적인 트레이드 오프라고 불릴 수 있다.

II장에서 우리는 교육과 관련된 네트의 유용성을 살펴보았다. 네트는 초심자에게 사실과 규칙들을 제공해 줄 뿐만 아니라 초심자가 요구하는 연습과 실천을 해볼 수 있는 유용한 장소이다. 그러나 전문가적 지식을 획득하려고 한다면 잘못된 해석에서 연유하는 위험이나 몰입, 그리고 실수로부터 배우는 것이 필요하다. 컴퓨터 스크린 앞에 홀로 앉아 웹에서 다운로드 받은 강의를 보는 것으로만 그러한 몰입은 생겨나지 않는다. 웹에서 온라인의 '상호 작용' 강의에는 보다 몰입할 수 있지만, 다른 사람들 앞에서 승인이나 비판을 받아들이고 위험을 감수하는 의식은 훨씬 약화된다. 몰입도 마찬가지이다. 그러므로 이러한 강의에서 능숙함 이상의 수준으로 올라가기는 힘들어 보인다. 교사와 학습자가 모두 출석해 있는 곳, 서로 위험을 감수한다고 의식할 수 있는 곳, 그리고 각각이 상대방의 비판을 받아들일 수 있는 곳인 교실에서만 숙달성의 단계를 촉진할 수 있는 조건이 마련된다. 인간이 전문가적 지식을 획득하는 것은 현실 세계 속에서 행동함으로써만 성취된다. 학습자는 견습을 통해 대가의 반응을 매일 관찰하고, 스타일을 모방하고 학습함으로써만 대가의 반열에 오를 수 있다.

그러므로 원격 교육을 다룬 II장에서 우리는 경제성과 효율성 중 하나를 선택해야만 한다는 것을 살펴보았다. 즉 능숙함 이상의 단계로 도약할 수 없다 할지라도 행정가와 입법자들은 '최대의 작업 처리량'을 선호하는 경향이 있는 반면, 대부분의 교사·부모·학생들은 여유만 있다면 전문적 지식과 정통한 기술의 획득을 가능하게 하는 조언, 숙달성, 실세계의 경험을 생산할 수 있는 공유된 몰입을 선호했다.

트레이드 오프는 현실 의식에서 여러 방면에서 불균형하다. 원격 존재와 현실 존재의 관계는 장단점의 문제가 아니다. 이것은 어느쪽을 선택하느냐의 문제가 아니라 원격 존재는 현실 존재를 전제하고 있으며, 현실 존재에 의존하고 있다는 점에서 불균형이 생겨난다. 따라서 원격 존재는 엄밀한 의미에서 사람과 사물에 대처하기 위해 모든 신체적 요소들이 출현하는 현실적 상관물에 기생한다고 나는 주장한다. 우리는 특정한 장소와 상황 속에서 다른 사람들과 사물들에 깊숙이 관계한다. 물론 우리는 이러한 신체화된 세계에 풍토병처럼 존재하는 위험들을 한탄할 수는 있지만, 경계 없는 사이버리아(Cyberia)에 살고 있다는 생각, 즉 모든 사람들이 원격으로만 존재한다는 생각은 아무런 의미가 없다.

마지막으로 의미에 관해서도 트레이드 오프는 마찬가지로 불균형하다. 이번에는 한 측면은 긍정적이고, 다른 측면은 부정적이다. 우리가 키에르케고르가 말한 현재의 존재 형태(유미적 영역)로만 남아 있다면, 우리는 모든 의미 있는 구분이 평준화됨으로써 절망할 것이다. 의미 있는 구분은 책임과 취약성, 즉 신체화된 존재의 한계를 요구하기 때문에 우리는 당연히 탈신체화된 허무주의가 아닌 신체화된 의미를 선택해야 할 것이다.

그러나 이 모든 것은 단지 웹이 할 수 없는 것을 알아보자는 것이 아니라, 우리가 아직 상상조차 못한 위대한 일을 웹이 '할 수 있다' 는 것이다. 《파이돈》에서 플라톤은 말과 대칭되는 글을 도입하는 것에 반대했다. 플라톤의 지적에 따르면 글은 발화자의 어조와 몸짓을 읽어내기가 불가능하기에 풍부한 의사 소통을 감소시킨다. 게다가 글은 원거리에서 동의를 표할 수 있게 해주지만, 그것은 발화된 말이 보증하는 동의만큼 구속력을 지니지 않을 것이라는 것이다. 또한 그는 글로 인해 사람들이 중요한 사건들을 기억할 수 있는 능력을 잃어버리게 될 것이라고 생각했다.

물론 이 모든 것은 사실이다. 그러나 플라톤은 글이 원거리에서 친교를 맺을 수 있는 새로운 방식인, 더 넓은 범위의 의사 소통과 완전히 새로운 문화적 기억을 가능하게 해주었다는 것을 예견하지 못했다. 만일 그가 이 모든 것을 예견했다면, 그는 당연히 관련된 트레이드 오프에 대해 보다 긍정적인 관점을 가졌을지도 모른다.

의심할 여지없이 인터넷은 자동차와 마찬가지로 우리가 예견할 수 없는 수많은 선과 악을 낳을 것이다. 그럼에도 불구하고 나와 플라톤의 주장 사이에는 두 가지 중요한 차이가 있다. 나는 플라톤의 동시대인들이 어떻게 글의 가치를 주장했는지 그 내용은 잘 모른다. 그러나 나는 인터넷을 긍정하는 우리 동시대인들의 주장들이 대부분 과장된 것이라고 주장한다. 네트의 광범위한 가치가 무엇이든 그것은 네트가 제공하는 정보의 질이나 네트가 가능하게 만든 민주적 원격 교육, 모든 현실에 출현하는 네트의 사용자, 그리고 의미로 가득 찬 새로운 삶의 가능성이 될 수는 없을 것이다.

나의 주장이 옳다면, 보다 중요한 것은 네트의 무비판적 사용으로 인해 우리가 잃어버리는 것이 무엇인가라는 관점에서 글과 네트는 완전히 다르다. 글의 가치를 주장하는 플라톤의 동시대인들 중 그 누구도 모든 사람이 말하기를 포기하고, 글만을 이용해서 더욱 풍족한 삶을 영위해야 한다고 제안했을 것 같지는 않다. 반면 엑스트로피협회와 같은 단체들은 우리가 신체를 포기하고 사이버스페이스에서 살아간다면 보다 풍족한 삶을 영위할 수 있을 것이라고들 한다. 하지만 우리가 사이버스페이스에서 살게 된다면 면 대 면 대화, 구두 약속, 플라톤이 글에 의해 위험에 처할 것이라고 한 기억력 이상의 많은 것을 잃어버릴 것이다라는 것이 나의 주장이다. 우리는 관련된 정보를 발견하기 위한 신뢰할 만한 방식, 기능 획득의 능력, 현실 의식, 그리고 의미 있는 삶을 일구어 내는 가능성을 잃어버릴 것이다. 이 중 마지막 세 가지는 우리를 인간으로 구성해 주는 것이다. 실제로 이 세 가지는 우리 존재를 정의해 주는 것으로, 이것을 잃어버릴 때 다른 어떤 예기치 못한 새로운 사실들도 이를 보상해 줄 수 없을 것이다.

그러나 우리는 여전히 웹의 장단점이 무엇인지는 알고 싶어한다. 물론 우리는 웹의 장점을 이용할 수 있다. 하지만 어떻게 우리가 상술한 각각의 영역에서 웹의 장점을 취할 수 있는가? 명백히 우리는 관련된 것을 검색하기 위해 신체와 신체의 긍정적인 힘을 이용하여 공생 관계를 촉진해야 하고, 몰입을 통해 여러 기능들을 배우고, 현실을 포착하고, 그리고 인생에 의미를 부여해 주는 위험한 책임감을 가질 필요가 있다. 반면 웹은 천문학적 양의 정보를 저장하고 이에 접근하게 해주며, 우리를 다른 사람과 연결시켜 주고, 멀리 떨어져 있는 장소에서도 관찰할 수 있게 해주며, 다른 세계와 다른 자아들을 위험하지 않게 탐험할 수 있게 해주는 놀라운 능력을 가지고 있다. 우리는 이러한 웹의 능력들이 발휘될 수 있도록 허용해야 한다. 이미 전술한 것을 요약하는 자리에서 나는 이러한 공생 관계가 어떻게 작동할 수 있는지 몇 가지 사례를 제시하고자 한다.

1. 관련성과 정보 검색

인공 지능의 실패와 통사적 정보 검색 체계의 빈약한 수행 능력이 보여 준 것은 우리가 사이버스페이스상의 한계 없는 삶을 위해 신체를 포기한다면, 우리는 우리가 필요로 하는 대부분의 정보 검색 능력을 포기해야 한다. 웹 크롤러와 검색 엔진들은 오로지 통사적인 것에만 반응하고 의미에 반응하지 않기 때문에, 이것들은 사용자에게 잠재적으로 관련 있는 것의 약 몇 퍼센트만을 찾아 줄 뿐이다. 이것을 알 수 있는 극적인 방식은 검색 엔진 디자이너들과 네트의 사용자들이 검색하고자 하는 관련 있는 정보를 자신의 관련성 없는 정보로 대체하기를 원하는 스팸 메일 발신자간에 진행되고 있는 전쟁을 생각하는 것이다.

웹사이트 디자이너들은 그들의 사이트를 어떤 종류의 컨텐츠를 찾을 때 검색 엔진들에 의해 가장 잘 선택될 것 같은 사이트로 만들고자 한다. 사실상 대중적인 검색 엔진들로 하여금 그들의 사이트를 선택하게 하기 위해 어떻게 편법을 쓰는가를 말해주는 서비스들이 있다. 그러한 서비스들은 다양한 테크닉들, 가장 널리 선전되는 '주제어 메우기'를 제안한다. 이러한 테크닉들은 하나의 단어를 포함하는 수많은 페이지들이 웹사이트에 보이지 않게 추가되어 단어의 빈도수를 세는 검색 엔진들이 특정한 사이트들을 우선적으로 선택하도록 만든다. 이때 검색 엔진들은 자체-방어를 위해 저자가 선택한 주제어를 무시하도록 프로그램된다. 비록 그것이 그 문서나 그 사이트의 컨텐츠를 확인하는 가장 성공적인 통사적 방법 중의 하나일지라도 말이다. 그러자 이에 대응하여 스팸 메일 발신자들은 의미 있는 문장의 문법적 형식을 지니고 있는, 컴퓨터가 생성해 낸 일련의 단어들 속에 주제어가 포함되도록 만든다. 이러한 형태의 언어학적 문장의 가장 유명한 예는 "색깔 없는 푸른 관념들이 분노에 차서 잠든다"이다. 그러므로 디자이너들은 검색 엔진에 영향을 미치려고 하지만 검색 엔진들은 디자이너들의 영향을 받지 않으려고 한다. 이것은 전체 책의 주제가 될 만한 매력적인 전쟁이다. 하지만 기본 윤리는 단순하다: 즉 당신은 검색 엔진을 속여라. 검색 엔진은 통사적 기계일 뿐이며, 상식을 지니고 있지 않고 의미를 선별할 방법이 없다. 그러나 당신은 이와 유사하게 인간을 속일 수는 없다.

문서나 웹사이트의 의미에 반응하는 인간은 같은 단어가 있는 수많은 페이지들, 혹은 의미 없는 문법적 문장들에 속지 않지만, 컨텐츠를 발견하는 형식적 척도밖에 이용할 수 없는 검색 엔진들은 그러한 속임수에 속아 넘어갈 수밖에 없다. 이것은 검색에서 인간이 역할을 수행해야 한다는 것을 의미한다. 그래서 고든 리오스는 의미에 반응하고 상식을 가지고 있고 스팸 메일 발신자들의 속임수를 분간할 수 있는 새 전문적 매개자 그룹이 생겨날 것이라고 예견한다. 인간들 역시 어떤 특정한 질의어에 가장 적절한 답을 구하려면, 다양한 검색 엔진들이 어떻게 작동하는지

미리 알고 이의 장점을 취해야 할 것이다. 이 중 가장 중요한 것은 이러한 매개자들이 몇 가지 특정한 도메인에서 전문가가 될 것이며, 예전의 사서와 같이 검색 엔진이 찾아 주는 모든 것들 중에서 관련된 문서를 선별할 수 있다는 것이다. 《뉴욕 타임스》의 한 기사는 관련성 의식을 지닌 신체화된 사람들이 반드시 있어야 하지만, 동시에 그들은 탈신체화된 기계와 공생 관계를 형성해야 한다고 주장한다. 그리고 이를 현실화하기 위해서 필요한 것들을 다음과 같이 요약한다.

검색 엔진들이 처음 생겨났을 때 사람들은 이에 대단히 환호했다. 검색 엔진들은 다음의 두 가지 점에서 인간이 어떤 형태로도 결코 이룩할 수 없는 것을 성취해 냈기 때문이다. 하나는 검색 엔진들은 소프트웨어 에이전트를 이용해서 사이트를 찾아 색인으로 바로 나타내 줄 수 있다는 점이고, 다른 하나는 검색 상자에 단 하나의 주제어를 입력하는 그순간 바로 광범위한 웹 페이지로 연결시켜 준다는 것이다.

그러나 자동화의 전망은 웹의 성공으로 인해 약간 어두워졌다. 현재 10억 개 이상의 웹 페이지들이 있다. 그리고 몇몇 전문가의 계산에 따르면 그 숫자는 매 8개월마다 배가된다……. 이에 대처하기 위해 많은 검색 엔진들은 단순히 색인으로 된 많은 페이지들이 해답이 아니라고 결론 내렸다. 그 대신 그들은 한때 손을 떼기로 했던 단 하나의 자원, 즉 인간의 판단에 의존하기로 결정했다.[1]

2. 원격 교육

교육에서는 여전히 여러 기능의 획득이 몰입과 위험을 요구하고, 전문적·문화적 기능은 견습에 의해 몸에서 몸으로만 전수될 수 있다는 것을 당연하게 생각한다면, 구식의 강연/토론의 장점을 웹의 힘과 연결시키는 많은 방법들이 있다. 학생들이 직접 출석하고 학습을 위해 관심사를 공유하는 분위기가 이미 형성되어 있는 수업에서, 교사들이 그들의 숙제·질문·보고서의 주제 등을 부과할 때 웹사이트는 학생들에게 진행되고 있는 강좌에서 지속적으로 정보를 얻을 수 있도록 도와 준다. 교사들은 학생들이 뉴스 그룹에서 논의할 수 있는 질문을 제기할 수 있고, 학생들에 의해 제기된 쟁점들을 명확히 해줄 필요가 있을 때 논의에 개입할 수 있다.

게다가 나는 MP3 포맷으로 나의 실제 강좌를 웹사이트에 올려 놓는 것이 정말 유용하다고 생각한다. 즉 불가피하게 출석할 수 없는 학생들이 나중에 그들의 기숙사에서 그 강좌를 들을 수 있었고, 보고서를 작성할 때 그들이 이해하기엔 너무나 빨리 지나가는 강의를 다시 복습할 수 있었다. 물론 나의 경우와 마찬가지로 강의중에 영화를 토론하고자 하는 선생은 오디오를 추가하여 논의되고 있는 장면을 잘라서 웹사이트 강좌 속에 포함시킬 수도 있을 것이다.

이번 학기에 나는 한 단계 더 나아가서 나의 강좌 중의 하나를 비디오 인터넷 방송(Webcast)으로 만들었다. 따라서 학생들은 학생으로 넘쳐나는 강의실의 바닥에 앉아서 강의를 듣는 대신 그들의 기숙사에서도 강좌를 볼 수 있었다. 이 경우에도 학생들은 몸소 강의실로 왔고, 대부분의 학생들은 실제로 출석 강의에서 무엇인가 특별한 것——강의실의 분위기를 공유하고, 강의실 토론에서 위험한 제안들을 하는 것——을 얻으려고 했으며, 편리한 시간에 언제라도 그들의 컴퓨터로 강의를 볼 수 있음에도 불구하고 학생들의 출석률은 비 오는 날(대개 30퍼센트 정도 줄어든다)을 제외하고는 거의 영향을 받지 않았다. 혹자는 이러한 이유에 대해 의문을 표할 것이다. 이것은 출석 수업이 긍정적 경험을 제공해 준다고 느끼기 때문에 대부분의 학생들은 궂은 날씨에도 불구하고 수업에 출석을 하지만, 인터넷 방송이 충분한 것을 제공해 주기 때문에 안락함을 좋아하는 학생들에게는 원격학습도 나쁘지 않다는 것을 시사한다. 인터넷 방송은 확실히 없는 것보다는 있는 것이 좋았다.

'나의 강의를 출석 수업으로 듣고서' 다시 기숙사에서 나의 강연을 본 학생들은 정보가 집적되어 있는 인터넷 방송이 도움이 된다고 생각한다고 말했다. 그들은 인터넷 재방송을 보면서 비디오를 멈추고 아주 어려운 점을 다시 복습할 수 있었다. 그러나 그들은 출석 수업에는 무엇인가 특별한 것이 있다고 느꼈다. 그들에게 교실은 강의자와 다른 학생들 사이에 '상호 연관성'을 의식하게 해주었으며, 이러한 의식 없이 수업을 받는 것을 그들은 원치 않았다. 동시에 그들은 강의자의 출석이 제시된 자료에서 무엇이 중요한 것인지 그들에게 강조해 준다고 느꼈다. 그러나 놀라운 점은 그들이 나의 오디오판 강좌를 더욱 선호한다고 말했다는 것이다. 그들은 움직이는 화면이 단지 정신을 산만하게 할 뿐이라고 말했다. 표와 개관을 보는 것을 고마워했지만 내가 항상 웹사이트에 강의 자료들을 올려 놓았기 때문에 칠판에 그것들을 쓸 필요는 없다고 했다. 물론 내가 칠판을 이용하는 것은 도표를 그릴 때만은 아니다. 그래서 학생들의 논평을 참조해서 한 학기 강좌가 끝날 무렵 칠판에 디지털 그림을 보여 주고 오디오와 함께 웹사이트 강좌에서 그 그림을 넣는 것을 생각해 보았다. 그러나 나의 인터넷 강좌에 더 추가할 것은 없어 보였다. 어떤 경우에도 이 학생들에게는 원격 학습이 신체의 출현을 전제하고 있는 것으로 나타났기 때문이다.

3. 원격 존재

나는 원격 존재가 멀리 떨어져 있는 사물의 현실감을 우리에게 제공해 줄 수 없으며, 그것이 원거리의 사람들에 대한 신뢰감을 전달할 수 없다고 주장했다. 그러므로 촉각이나 후각적 장치 등을 추가하여 신체가 현전할 때의 느낌을 전달하고자 하는 것은 헛된 노력으로 보인다. 그러나 우리가 살펴보았듯이 원격 화상회의는 사람들이 서로를 이미 알고 신뢰하고 있을 때 효과가 있다. 그리고 물론 여전히 개발되고 있는 영역들, 즉 너무 크거나 너무 작거나 혹은 너무 위험한 것에 육체가 현전해야 할 때 원격 존재는 불가피하다. 예를 들어 핵 원자로를 수선하거나 생명이 살 수 없는 혹성을 탐사하는 경우처럼 말이다. 이러한 예는 월드 와이드 웹보다 시간적으로 선행한다. 하지만 웹은 우주의 가장 먼 구석구석까지 확장하여, 우리가 지각하고 능동적으로 개입할 수 있게 해준다. 현재 2천여 개의 웹캠(Webcams; 이미지를 웹

사이트를 통해 제공할 수 있도록 컴퓨터에 직접 부착되어 있는 비디오 카메라, CCTV를 통해 교통 상황을 웹으로 보여 주는 것도 웹캠의 한 예이다)이 작동되고 있으며, 이 장치를 통해 사람들은 어느 시간대에서도 세계의 모든 곳의 날씨나 교통 정보를 알 수 있다. 정말로 우리의 정신은 점점 더 우주적으로 확장되고 있다. 우리가 신체의 역할을 바르게 평가하고 있는 이상, 그리고 강의와 견습을 원격 교육으로 대체하여 우리가 전문가적 지식을 잃어버리지 않는 이상, 우리는 수백만의 텔레비전 시청자들을 태우고서 원거리에 있는 혹성을 탐사해 줄 수 있는 화성 탐사선과 같은 차량의 보다 발달된 형식을 기대할 수 있을 것이다.

그러나 우리는 원격 존재의 매력을 경계해야만 한다. 우리가 인터넷이 매개된 원격 존재를 포함하는 로봇을 이용하는 것은 눈과 귀의 확장인 원격 대표자들을 조종할 수 있다는 매력적인 가능성을 제공한다. 이때 우리는 직접 탐사하기에는 너무나 위험한 상황에 처할 수 있다. 예를 들면 원자로 안으로 직접 들어가야 한다는 것이 그것이다. 혹은 프랑스를 배경으로 촬영을 하면서 같은 시간대에 오스카상 축하 공연에 참여해야 하는 경우 등, 우리가 직접 가기에는 너무나 멀리 떨어져 있는 곳에 참석해야 하는 경우가 그 예가 될 수 있다. 40년 후에는 가정부 로봇이 가능해질 것이라는 말들이 있고, 위험하고 멀리 떨어진 곳에 인간을 대신할 수 있는 로봇 노예가 만들어질 것이며, 원격 존재의 가능성 덕분으로 그 로봇들을 쉽게 조종할 수 있을 것이라고들 한다. 켄 골드버그의 원격 정원의 예에서 보듯이, 사람들은 로봇의 팔을 조종해서 린츠에 씨를 뿌리고 경작하고 물을 줄 수 있을 것이다.

그러나 슬프게도 현실은 예견보다 훨씬 뒤처져 있다. 소수의 광적 신봉자들을 제외한다면 실제로 MIT에서 개최된 로봇 제작자들의 국제회의에서 인간과 유사한 로봇은 오랫동안 공상과학의 소재로 남아 있을 것이라는 데 동의한다. 《뉴욕 타임스》의 기자는 이를 정리하여 다음과 같이 보고한다.

지난달, 휴머노이드 2000 학술대회를 개최한 사람들은 그들이 하고 있는 일들이 어떤 사회적 함의를 가질 수 있는지 그 가능성에 대해 참여자들을 대상으로 여론 조사를 했다. 거의 불가능한 것은 0, 가장 가능성 있는 것은 5로 표기하도록 했다. "로봇이 인간 진화의 다음 단계가 될 것이며, 마침내 로봇이 인간을 대체할 것이다"라는 문항에 대해서 로봇학 연구자들은 0의 등급을 매겼다. "로봇 연구자들은 다른 사람들, 이를테면 영화 제작자들과 같은 사람들만큼 로봇에 대해 도취감에 빠져 있지 않다"라고 이 대회 개최자 중 한 명인 알로이스 놀 박사는 말한다……. 놀 박사는 오늘날 로봇의 한계를 다음과 같이 나열한다: "우리에게는 기계를 조작할 수 있는 손재주가 없다. 우리는 전원 공급을 할 수 없다. 우리에게는 두뇌가 없다. 우리는 감정을 지니지 않는다. 우리는 아무리 인간에 가까워진다 할지라도…… 일반적으로 자율성을 지니지 않는다."[2]

그러나 걱정할 것은 없다. 켄 골드버그와 그의 동업자들은 현재 MIT 미디어 실험실에서 연구되고 있는 한 해결책을 제시했다. 로봇들이 아직 너무나 불편하기 때문에 인간을 대표하기까지는 아주 오랜 시간이 걸릴 것이다. 그래서 그들은 실제 인간을 고용해서 일을 시켜야 한다고 제안한다. 그들은 인간이 웹캠과 마이크로폰을 쓰고 있는 텔레액터(Tele-Actor)를 통신으로 조종해서 그 조종자가 멀리 떨어져 있는 사건에 원격 출현할 수 있도록 하는 방식을 연구한다. 로봇 노예의 역할을 수행하는 텔레액터는 테두리에 전구가 달린 보호경을 쓰고 있다. 그 보호경은 원격 배우에게 어느 방향으로 회전해야 할지, 얼마나 빨리 움직여야 할지 등을 신호로 알려 준다. 예를 들면 조종자는 원격 조종을 통해 텔레액터가 멀리 떨어진 수상식에 참여하도록 한다.

《포춘 매거진》은 〈그곳에 현전하기〉라는 제목으로 미디어 실험실 프로젝트에 대해 다음과 같은 보고서를 발행했다.

텔레액터를 멀리 떨어진 장소로 보내라. 그러면 당신은 텔레액터가 듣는 것을 듣고, 텔레액터가 보는 것을 볼 수 있을 것이다. 다수의 참여자를 기록할 수 있고, 모두 같은 관점을 공유할 것이며, 모두가 행동을 지시하기 위해 도움을 줄 것이다. "텔레액터는 어떤 사람에게도 원격 경험을 전송할 수 있다. 여기에서 원격 경험은 스포츠 경기, 회의, 그리고 대부분의 사람들에게는 너무나 위험한 장소인 전쟁터와 같은 곳을 포함한다"고 켄 골드버그는 말한다……. 골드버그는 동료들과 함께 '원격 존재'의 실험의 일부로서 아이디어를 창안했다. 이 실험에서 그들은 테크놀로지를 이용하여 거리를 극복한다. 즉 대역폭을 향상시키고 카메라 기술을 더 저렴하게 만듦으로써 텔레액터를 대중화시킬 수 있을 것이라고 생각한다.[3]

인공 지능과 휴머노이드 로봇 연구가 실패하자 미디어 실험실은 창의적인 우회로를 제안함으로써 컴퓨터 광신자들의 혼란스러운 추세를 다시 성공적으로 재현한다. 컴퓨터는 기억과 계산 능력 같은 인간의 능력을 증진할 수 있는 가능성을 보여 주었지만, 동시에 그것은 지능이나 신체를 적응력 있고 조화로운 방식으로 움직이는 능력 등을 결핍하고 있는 것으로 판명되었다. 컴퓨터는 사람이 쉽게 할 수 있는 것을 잘하지 못하기 때문에 사람과 기계의 협력이 요구된다. 따라서 인간을 컴퓨터와 같이 행동하도록 훈련시켜야 한다. 로봇이 인간과 같이 행동하도록 프로그램될 수 없기 때문에 원격 존재의 가능성에서 장점을 취하기 위해서는 사람들이 로봇과 같이 행동하는 것을 배워야만 한다.

4. 의 미

가장 논쟁이 되는 의문들은 월드 와이드 웹이 우리의 삶의 질을 향상시킬 것인지 저하시킬 것인지에 관한 것이다. 우리는 네트를 통한 삶이 소외로 이어진다는 두 개의 조사를 살펴보았다. 그리고 이 중 하나는 네트의 사용이 외로움과 우울증으로 이어진다는 것을 추가로 보여 준다.

그러나 최근의 미국 공영 라디오(National Public Radio)의 조사는 사람들이 카네기 멜론과 스탠퍼드의 연구에서 발견된 악영향과는 정반대로 느끼고 있다는 것을 보여 준다. 다음은 NPR 웹사이트에서 따온 글이다.

미국 공영 라디오, 카이저 재단, 그리고 하버드대학교 케네디 정치학부의 새로운 여론 조사에 의하면, 대다수의 사람들이 압도적으로 컴퓨터와 인터넷이 미국인의 삶을 훨씬 윤택하게 한다고 생각한다. 거의 10명 중 9명은 컴퓨터가 미국인들에게 보다 나은 삶을 가져다 주었다고 답했고, 10명 중 7명 이상이 인터넷이 삶을 보다 윤택하게 한다고 답했다.[4]

그러나 동시에 이 여론 조사에서 "(응답자 중) 반 이상이 컴퓨터로 인해 가족 및 친구들과 보내는 시간이 줄어들었다고 응답했다." 이것은 우리가 도구 이용 방식에 의해 변형되고 있지만 어떻게 변형되는지 인식하지 못하고 있다는 것을 보여 준다고 나는 생각한다. 따라서 우리는 네트가 우리를 위해 하는 일이 무엇인지, 그 과정에서 네트가 우리에게 어떤 일을 하는지 명확히 할 필요가 있다.

의미에 관하여 나는 네트가 우리에게 하고 있는 것은 사실상 우리의 삶을 윤택하게 하고 있다기보다는 더 궁핍하게 만들고 있다고 주장했다. 웹상의 삶은 취약성과 책임감을 제거하기 때문에 매력적이지만, 키에르케고르가 옳다면 정열의 결핍은 동시에 의미를 필요 불가분하게 제거한다.

그러므로 도구란 중립적이지 않으며, 네트의 이용은 분명히 물리적이고 사회적인 세계에 대한 몰입을 감소시킨다. 바꾸어 말해서 이것은 인간의 현실 의식을 축소시키고, 인생의 의미를 감소시킨다. 실제로 네트를 더 많이 사용할수록 우리는 신체가 물려받은 모든 병마에서 도피하기를 원하는 사람들의 비현실적이고 고독하고 의미 없는 세계로 더 많이 끌려 들어가는 경향이 있다.

그러나 인간이 원인에 이미 책임을 느끼고 있다면, 월드 와이드 웹은 인간이 행동할 수 있는 힘을 증진시킬 수 있다. 이것은 웹이 관련된 정보를 제공하고, 동시에 책임 있는 사람들이 공유된 목적을 위하여 자신의 시간과 돈 그리고 심지어 자신의 삶까지도 위기에 처하게 만들 준비가 되어 있고 원인을 공유하는 다른 사람들과 접촉하도록 해주기 때문이다. 지뢰 조약을 예로 들자면 웹은 국제적이며 문지기가 없기 때문에 일반적으로 난제를 해결하는 데 도움이 된다.

그러나 신체화된 사회 세계 속의 지역 사회와 사회적 사이버스페이스의 유사성이 모호하기 때문에 위험이 생겨난다. 이것은 하워드 레인골드의 영향력 있는 책인 《가상 공동체》의 2판에 명확하게 나타난다.[5] 새로 삽입된 장인 〈지역 사회를 다시 생각한다〉에서 레인골드는 책임감 있게 사이버스페이스의 다대일 상호작용의 장단점에 관련된 일련의 쟁점을 논의한다. 불행하게도 그는 인터넷 공동체들의 다양한 형태를 구분하지 않고 있기 때문에 그의 분석에는 상당한 허점들이 노출된다.

우선 레인골드는 사이버 공동체가 민주주의를 증진한다고 확신하고서 이를 변호한다. 그는 "이 책을 진지하게 비판하는 사람들은 다대일 토론이 시민들간의 더 나은 의사 소통을 가능케 함으로써 건강한 민주주의에 공헌한다는 나의 주장에 도전한다"[6]고 말한다. 그리고 나서 그는 "네트는 공론 장을 다시 활성화시키는 데 도움이 된다"는 1판의 주장을 발전시킨다. 실제로 "시민이 고안하고 통제하는 전세계적인 통신망은 '전자 아고라'의 비전으로 불릴 만한 일종의 기술 유토피아주의이다"라고 말한다. 그는 "민주주의의 기원인 아테네에서 아고라는 장터이자 그 이상의 것을 의미한다. 아고라는 시민들이 만나서 대화를 나누고, 잡담을 하며, 논쟁을 벌이고, 서로를 판단하며, 토론을 벌임으로써 정치 사상들의 약점들을 발견하는 장소였다"[7]고 설명한다. 그러나 '월드 와이드' 전자 아고라의 전망은 정확히 아테네의 아고라에서 서로에게 말을 거는 사람들이 그들이 논의하고 있는 쟁점들에 직접적으로 영향을 받는 직접 민주주의의 구성원이라는 점, 다시 말하면 논의의 초점이 그들이 토론을 벌이고 있는 질문에 대해 '공적으로 의견을 표하는 위험성과 책임감'을 느끼고 있다는 점에서 키에르케고르의 요점을 놓치고 있다. 키에르케고르에게 월드 와이드 전자 아고라는 모순어법이다. 아테네의 아고라는 공론 장의 정반대 말이다. 여기서 공론 장이란 전세계의 익명의 전자 구경꾼들이 아무런 위험도 느끼지 않고 같이 모여 자신의 의견을 선포하고 옹호하는 곳이다. 뿌리 없는 공론 장의 확장인 전자 아고라는 진정한 정치 공동체에 심각한 위험 인자이다. 키에르케고르를 제대로 이해한다면 레인골드의 '전자 아고라'가 너무 유토피아적이라는 데 문제가 있는 것이 아니라는 것을 알 수 있을 것이다. 그것은 아고라가 될 수 없으며, 어떤 곳에도 존재하지 않는 익명의 사람들을 위한 존재하지 않는 장소이다. 그러므로 이것은 위험스러울 정도로 디스토피아적이다.

레인골드가 공론 장에 미치는 네트의 부정적인 영향과 네트가 끊임없는 명상의 감옥으로부터 빠져 나올 수 있도록 해주는 두 가지 긍정적인 영향(즉 하나는 가상적 책임의 '유미주의적 가능성'이고, 다른 하나는 책임 있는 행동에 대한 '실제 윤리(ethical actuality)'이다)을 구분하지 못함으로써 토론의 초점을 놓치고 있다.

가상 공동체는 존재의 유미적 영역으로 흥미롭게 도약하는 것이다. 이러한 공동체는 확실히 열정 있는 책임에 눈살을 찌푸리는 것이 아니라, 그것을 촉진하기 때문에 공론 장과는 상반된다. 논의되는 쟁점은 가상 공동체의 결정적인 관심사에 대한 것이다. 키에르케고르는 존재의 유미적 영역에 있는 사람들은 서로의 정서적 삶에 몰입한다는 데 동의한다. 그러나 키에르케고르에게 중요한 것은 유미주의자들은 강렬한 감정과 생생한 의사 소통의 세계에 살고 있다 할지라도 모든 극적인 사건은 게임과 마찬가지로 실제 세계 속에서는 어떤 결과를 낳지 않으며, 실세계의 위험을 수반하지 않는다는 것이다. 개인들은 그들이 싫어하는 실제 도시를 떠날 때보다 훨씬 쉽게 가상 공동체에 들어올 수 있고 훨씬 쉽게 떠날 수 있다. 우리가 살펴보았듯이 키에르케고르는 존재의 유미적 영역이 존재를 유희로 전환한다고 말한다.

레인골드는 "가상 공동체가 진정한 시민적 연대를 가짜로 대체하는" 위험에 직면할 수 있다고 솔직히 말한다.[8] 그리고 그는 이를 다음과 같이 인정한다.

수행해야 할 필요가 있는 대부분의 것들은 면 대 면으로 직접 수행해야 한다. 시민 연대의 의미는 당신의 신체가 살고 있는 세계 속에서 이웃을 대해야 한다는 것을 의미한다……. 정보를 가지고 있는 시민들간의 담론은 어느 정도의 영향력을 지니고서 개선되고 부활하며 복구될 수 있다. 그러나 이것은 오로지 충분한 수의 사람들이 통신 수단의 적절한 사용법을 배워서 실세계의 정치 문제를 해결하기 위해 이를 적용할 때에만 해당되는 것이다.[9]

여기서 게임으로서 가상 공동체에 몰입하는 것은 현실 공동체의 정치 연대에 대한 위협이 아니라고 결론 내릴 수 있다. 그리고 레인골드 역시 이에 동의할 것이다. 그러나 많은 사례들에서 보듯이 위험을 수반하지 않는 가상 공동체의 성격은 위험한 현실 세계보다 가상 공동체를 더욱 매력적으로 만들고, 따라서 실제 공동체 관심사에 시민들이 부여하는 시간과 에너지를 빼앗는다.

그래서 레인골드는 새로 삽입된 장에서, 사람들이 구체적인 문제를 중심으로 모여 효과적으로 행동할 수 있는 인터넷의 역할로 자신의 강조점을 이동한다. 그래서 그는 "시민적 몰입을 위해 여러 가지 다른 도구들로 실험을 해볼 것"[10]을 제안했다. 그러나 그의 인터넷 이해 집단의 옹호는 공론 장의 옹호로서 나타난다. 그러므로 그는 초연한 익명의 토론과 몰입된 책임 있는 행동을 구분하지 못한다. 레인골드의 구체적 책임을 촉진하는 인터넷 단체의 목록은 인상적이지만—— '온라인 민초들의 주장과 유통의 도구(Tools for Online Grassroots Advocacy and Mobilization)'를 제공하는 캡-어드밴티지(Cap-Advantage)라고 불리는 그룹과 같은 단체들——그러한 목록은 또한 〈자유 포럼〉과 같은 자유롭게 유랑하는 공론 장 단체들을 포함하고 있다. 그는 〈자유 포럼〉을 "모든 사람을 위한 자유로운 언론, 자유로운 의견 제시, 자유로운 정신에 헌신하는 비당파적 국제 단체"[11]라고 기술한다.

레인골드의 책을 읽을 때 키에르케고르의 세 겹의 구분, 즉 국지적 쟁점과는 상관없는 초연한 명상을 특징으로 하는 공론 장, 현실 세계의 진지한 관심을 아무런 위험성 없이 시뮬레이트하는 유미적 영역, 그리고 국지적·정치적인 책임을 지니고 있는 윤리적 영역의 구분을 명심한다면, 레인골드가 네트가 제공할 수 있는 것을 광범위하게 인상적으로 나타내 준 것에 대해 감사할 수 있을 것이다. 그러나 상술한 키에르케고르의 범주 외에도 무조건적 책임을 주장하는 종교적 영역에 대한 키에르케고르의 설명을 명심할 필요가 있다. 그리고 난 다음 네트가 제기하는 진지한 사회적 쟁점들에 대해 자신의 관점을 가지고서 이를 해결하려고 시도해야 할 것이다.

　요약해서 우리가 신체를 지속적으로 긍정한다면, 네트가 불균형한 일련의 트레이드 오프 중 최악의 것(즉 교육에서 효율성 대신 경제성을 선택하는 것, 사물과 사람의 관계에서 현실적인 것 대신에 가상적인 것을 선택하는 것, 그리고 우리의 삶에서 책임감 대신에 익명성을 선택하는 것)을 제공하는 경향이 있음에도 불구하고 그것은 유용할 수 있다. 그러나 네트를 사용함에 있어서 우리의 문화가 이미 취약한 육체를 제거하고자 하는 플라톤/기독교적 유혹에 이중으로 빠져 있으며, 종국에는 허무주의로 이어질 것이라는 것을 기억해야 한다. 이러한 시대에 우리는 유혹에 저항해야 하고, 우리의 신체를 긍정해야 한다. 그것은 신체의 한계와 취약성에도 불구하고 긍정해야 하는 것이 아니라, 니체가 말했듯이 신체 없이 우리는 문자 그대로 아무것도 아니기 때문에 우리는 신체를 긍정해야 하는 것이다. 니체가 차라투스트라를 통해 말했듯이 "나는 신체의 경멸자들에게 말을 걸기를 원한다. 이것은 내가 그들을 다른 방식으로 배우고 가르치도록 만들려고 함이 아니라, 단지 그들 자신의 신체에 안녕을 고하라고 말하기 위해서이다. 그러면 그들은 영원히 침묵할 것이다."[12]

원 주

서 론

1) 엑스트로피언들은 아주 멀리까지 나아가 있다. 그러나 같은 생각들이 본격 연구서로서 가정되는 한스 모라벡(Hans Moravec)의 《정신의 아이들 *Mind Children*》(Cambrige: Harvard UP, 1988)과 같은 저서에도 나타난다. 〔엑스트로피협회는 네트워크와 정보 센터로서 테크놀로지를 이용해 인간의 삶을 확장하고, 지능을 증진시키며, 사회적 체계를 향상시키고자 설립된 협회이다. 엑스트로피(Extropy)란 한 체계의 지능과 정보 · 질서 · 활력 · 개선 능력 등의 범위를 말하며, 엑스트로피언(Extropians)은 엑스트로피를 증진시키고자 하는 사람들을 지칭하고, 엑스트로피어니즘(Extropianism)은 엑스트로피의 진화하는 초인간주의 철학을 말한다. 엑스트로피협회 홈페이지 http://www.extropy.org 참조〕

2) 마르틴 하이데거(Martin Heidegger)의 사상의 경향은 인터넷이 무엇인가에 대한 근대적인 이해의 결정판이다. 하이데거의 《테크롤로지와 관련된 질문 *The Question Concerning Technology*》(New York: Harper and Row, 1977)의 〈테크놀로지와 관련된 질문〉 참조.

3) 실제로 지금까지 혁신이 없었기 때문은 아니다. 정보를 연결하는 새로운 방법들은 도서관을 변형시켰다. 대학에서 강의용 웹사이트는 학생들이 자신의 집에서 강의를 듣고 토론에 참여하는 것을 가능케 했다. 원격 조작 로봇학(Telerobotics)은 화성에 있는 우주선을 조종하는 것을 가능하게 했으며, 언젠가는 수백만 명의 사람들이 원격 조작 탐사선이 화성의 표면 위로 이동하는 것을 볼 수 있을 것이다. 그리고 전자 우편은 개혁을 요구하는 정치적 반체제 인사들에서부터 손주의 디지털 최신 사진을 자랑스럽게 전송하는 할머니 할아버지에 이르기까지 놀라울 만큼 많은 새로운 가능성을 열어 주고 있다. 그러나 그 모든 놀랍고도 새로운 발전은

예견되어 온 바와 비교한다면 별로 대단한 것은 아니다.

4) 하몬(A. Harmon), 〈연구자들은 사이버스페이스에서 슬프고 외로운 세계를 발견한다 Researchers Find Sad, Lonely World in Cyberspace〉(《뉴욕 타임스 The New York Times》), 1998년 8월 30일. 하몬은 이어서 다음과 같이 언급한다: "2년간의 연구의 초반에는 모든 주제에 관련된 표준 질문지에 의해 더욱 고독하고 우울한 사람으로 평가된 참여자들이 인터넷을 더 많이 이용하는 것 같지는 않았다. 그보다도 인터넷의 사용 그 자체가 심리적인 행복을 감소시키는 원인으로 나타났다고 연구자들은 말한다."

5) 크라우트(R. Kraut)·패터슨(M. Patterson)·룬드마크(V. Lundmark)·키슬러(S. Kiesler)·무코파디아이(T. Mukophadhyay)·셰를리스(W. Scherlis), 〈인터넷의 역설: 사회적 몰입과 심리적 행복을 감소시키는 사회의 테크놀로지? Internet Paradox: A Social Technology that Reduces Social Involvement and Psychological Well−being?〉(《미국 심리학자 American Psychologist》), 1998년, 53권 9호. pp.1017−31.

6) 위의 책. 실제 신체를 동반하지 않는 것은 사회의 도덕과 유리되는 현상을 수반할 수 있다. 래리 프로이스타드(Larry Froistad)는 전자 우편 동호회에 자신이 딸을 살해했다고 고백했지만, 그 모임의 회원들은 그에게 연민을 표했다. 그를 경찰에 인계해야 한다고 느낀 회원은 단 한 명에 불과했다. 에이미 하몬(Amy Harmon)의 〈오프라인 살인에 대한 온라인상의 생각들 On−Line Thoughts on Off−Line Killing〉(《뉴욕 타임스 The New York Times》 1998년 4월 30일) 참조. "온라인 통신의 성격(통신 참여자들은 온라인상에서 신체적으로 거리를 두고 있는 동시에 심리적으로도 거리를 둔다)은 자백한 살인자를 법원으로 보내야 한다는 오프라인상의 책임감을 잊어버리게 한다."

7) 발로(J. P. Barlow), 〈사이버스페이스 독립선언문 A Declaration of the Independence of Cyberspace〉, Davos, Switzerland, 1996년 2월 8일, http://members.iquest.net/~dmasson/barlow/Declaration−Final.html.

8) 모라벡(Moravec), 위의 책.

9) 쿠르제일(P. Kurzweil), 《정신 기계의 시대 The Age of Spiritural Ma-

chines》, New York: Penguin, 2000.

10) 다이슨(E. Dyson) 외, 〈사이버스페이스와 미국의 꿈: 지식 정보 시대의 대헌장. 공개 문서 1.2 Cyberspace and the American Dream: A Magma Carta for the Knowledge Age. Release 1.2〉, Washington, D.C., The Peace and Progress Foundation, 1994.

11) 플라톤(Plato), 〈고르기아스 Gorgias〉, 492e7-493a5. 소크라테스는 "나는 한때 현자 중 한 명으로부터 우리는 지금 죽어 있으며, 우리의 신체(soma)는 무덤(sema)이다라는 말을 들었다"고 말한다.

12) 플라톤(Plato), 〈파에도 Phaedo〉, 《소크라테스의 최후 The Last Days of Socrates》, Baltimore, MD, Penguin, 1954, p.84.

13) 니체(F. Nietzsche), 《차라투스트라는 이렇게 말했다 Thus Spake Zarathustra》, W. 코프만(W. Kaufmann) 옮김, New York: Viking Press, 1966. p.35.

14) 위의 책, p.34.

I. 하이퍼링크에 대한 과대 광고

1) 미국 공영 라디오(National Public Radio), 〈컴퓨터화의 미래 The Future of Computing〉, 《전국 토론, 사이언스 프라이데이 Talk of the Nation, Science Friday》, 2000년 7월 7일.

2) 로렌스와 자일스(S. Lawrence and C. L. Giles), NEC연구소(NEC Research Institute), 〈월드 와이드 웹의 검색 Searching the World Wide Web〉, 《과학 Science》, 280, 1998년 4월 3일, p.98. 게다가 규모는 단지 웹사이트나 페이지의 숫자로 측정될 수 없다. 웹 페이지에 내포된 하이퍼링크의 숫자는 훨씬 더 거대하다.

3) 최근에 모든 것을 연결시키는 이러한 '자유-링크'를 중단시키려고 제기된 몇몇 소송이 있었다. 몇몇 단체들은 원고의 웹 페이지에 자신의 페이지를 연결시켜 놓은 다른 단체들을 고소했다. 물론 이것은 1퍼센트 정도의 우수리 중의 우수리로서, 소위 '느슨한 특별위원회(loose ad-

hocracy)'로 지칭되어 온 웹의 운영 방식에 별 영향력을 행사하지는 못할 것이다. 의심할 여지없이 이것은 모든 것을 모든 것에 연결시키는 링크만 들기에 최소한 '어느 정도의' 제한을 부과하려는 보수파의 사라져 가는 마지막 목소리를 반영하고 있을 뿐이다.

4) 듀이(Dewey)의 10진법 체계는 이러한 방식으로 조직화되었다. 10진법은 같은 항목이 두 가지 다른 범주로 분류되는 것조차 허용하지 않는다. 그러나 현재 사서들은 융통성 있게 같은 정보를 몇 가지 다른 제목하에 모아둔다. 예를 들어 종교철학은 각각 철학과 종교 범주하에 모두 정리해 놓는다. 그러나 분류법은 여전히 합의된 서열화에 의거한다.

5) 데이비드 블레어(David Blair)의 저서인 《정보 검색의 언어와 재현 *Language and Representation in Information Retrival*》(New York, Elsevier Science, 1990)은 아메리카정보과학협회(The American Society for Information Science)에서 1999년 '올해 최고의 정보과학 도서'로 선정되었다. 그리고 블레어 자신은 같은 해 같은 협회에 의해 '올해의 뛰어난 연구자'로 지명되었다.

6) 블레어는 "우리가 특정한 사용법이나 관례를 찾을 수 있도록 정보를 조직화해야 한다고 생각하지만, 사용법이나 관례들이 정보의 조직화에 도움을 준다는 것은 잊어버리고 있다. 나는 이를 정보의 '자연적 집합들(Natural Sets)'이라고 부른다. 따라서 관례를 찾아 주는 정보의 선별과 조직화는 상호 작용 과정이다. 웹이 금지하거나 방해하는 것은 이런 종류의 정보와 관례간의 자연스러운 상호 작용이다"라고 덧붙인다.

7) 소위 말하는 근대 주체란 (루터(Luther)와 출판업, 새로운 과학 덕분으로) 사람들이 자신을 자기 충족적인 개인들로 생각하기 시작했던 17세기 초반에 형성되었다. 데카르트는 변화하는 정신적 상태를 뒷받침하는 것으로서 주체에 대한 관념을 도입하였고, 칸트는 만물을 인식의 대상으로 삼는 주체는 자유롭고 자율적이어야만 한다고 주장했다. 우리가 IV장에서 살펴보겠지만 쇠렌 키에르케고르(Søren Kierkegaard)는 우리 각각은 자신이 누구이며, 자신의 세계에서 무엇이 의미 있는가를 규정해 주는 고정된 정체성을 가지기 위해 소환된 주체이다라고 결론 내린다.(IV장 참조)

8) 《뉴욕 타임스 *The New York Times*》, 2000년 1월 9일.

9) 데이비드 블레어(David Blair), 《비트겐슈타인, 언어와 정보 *Wittgen-stein, Language and Information*》의 미출판 원고, 근간.

10) 블레어(D. Blair), 〈검색 비율을 높일 수 있는가? 전자 네트워크상의 지식 정보에 대한 접근 Will it Scale up? Thoughts about Intellectual Access in the Electronic Networks〉, 오커슨(A. Okerson) 편, 《게이트웨이, 게이트키퍼, 정보 옴니버스의 역할들 *Gateways, Gatekeeper, and Roles in the Information Omniverce*》(Washinton, D.C., Association of Research Libraries: Office of Scientific and Academic Publishing), 1994.

11) 드레퓌스(H. Dreyfus), 《컴퓨터가 (아직도) 할 수 없는 것 *What Computers (Still) Can't Do*》(Cambridge: MIT Press, 1992) 3판 참조.

12) 레나트(D. Lenat)와 구하(R.V.Guha), 《거대한 지식 기반 체계의 건설 *Building Large Knowledge-Based Systems*》(New York, Addison Wesley, 1990).

13) 위의 책, p.4.

14) 프라트(V. Pratt), 《CYC 보고서 *CYC Report*》(Stanford University, 1994년 4월 16일).

15) 구하(R. V. Guha)와 프라트(W. Pratt), 〈마이크로 이론들: 존재론적 공학자들을 위한 안내서 Microtheories: An Ontological Engineer's Guide〉(MCC Technical Report Number CYC-050-92, 1992), p.15.

16) 위의 책.

17) 구하(R. V. Guha)와 레비(A. Y. Levy), 〈메타 레벨에 기반한 관련성 A Relevance Based Meta Level〉, MCC Technical Report Number CYC-040-90, 1990, p.7.

18) 위의 책.

19) 구하는 나에게 그와 레나트가 수백 개의 관련성 원칙들이 필요하다고 생각하고 1천여 개의 원칙을 만들었지만, 결국 관련성 원칙 만들기를 포기했다고 말했다. 수많은 관련성 공식들이 필요하여 그것들을 다 만든다 하더라도, 주어진 경우에 어떤 관련성 원칙이 관련이 있는가를 결정해

주는 보다 높은 단계의 관련성이 또 필요하기 때문에 이 작업은 가망이 없어 보인다.

20) 스원슨(D. Swanson)(시카고대학교 도서관학부의 전학부장), 〈역사 비망록: 정보 검색과 환상의 미래 Historical Note: Information Retrieval and the Future of an Illusion〉, 《미국정보과학협회 저널 Journal of the American Society for Information Science》, 32. 2권, 1998, pp.92-8.

21) 우리 존재에서 몸의 역할은 시간과 공간, 그리고 대상을 경험할 수 있도록 해준다. 이에 대한 자세한 설명은 토데스(S. Todes), 《몸과 세계 Body and World》(Cambridage: MIT Press, 2001) 참조.

22) 개인적 통신.

23) 리오스(G. Rios), 개인적 통신. 필자 강조. 리오스는 다음과 같이 덧붙인다. "몇몇 검색 엔진들은 여러 가지 검색어가 거의 모두 문서에 포함되어 있을 때, 그 문서의 점수를 더 높이는 방식의 근접성 검색을 이용함으로써 그 수행력을 자랑한다. 그러나 근접성에 점수를 매기는 적절한 방식은 무엇인가? 그것은 물론 컨텍스트와 주제에 따라 다르다. 이 방식은 사람에게는 아주 투명한 것일 수 있지만 컴퓨터에게는 아주 막연하다." 그는 많은 질문어(약 절반 정도의)들은 단지 한 시점에만 이슈가 되며, 확률적으로 이것들 중 약 절반만을 찾을 수 있다.

24) 스원슨(D. Swanson), 앞의 인용.

II. 교육과 원격 학습은 얼마나 다른가?

1) 오펜하이머(P. Oppenheimer), 〈컴퓨터의 환상 The Computer Delusion〉, 《애틀랜틱 먼슬리 The Atlantic Monthly》, 1997년 7월.

2) 드레퓌스(Dreyfus)와 드레퓌스(Dreyfus), 《기계 위의 정신 Mind over Machine》(New York: Free Press, 1988) 제5장 참조.

3) 이를 뒷받침하는 가장 영향력 있는 사람은 미국의 전 교육부 장관인 윌리엄 베네트(William Bennet)이다. 2000년 12월 28일 《뉴욕 타임스》의 보도에 따르면, 베네트는 "다음번에 아동의 사이버 교육이 정점에 올랐

다는 소식을 들을 때, 한 가지 당신이 명심해야 할 것은 지금까지 대부분의 컴퓨터 사용이 의미심장하게 학습을 증진시켰다는 만족할 만한 증거가 나타나지 않았다는 점이다"라고 언급한 적이 있었다. 하지만 최근에 "베네트 씨는 K12(유치원에서 고등학교까지의 초·중등 교육)이라고 불리는 이윤을 목적으로 운영되는 학교를 설립하여 온라인으로 완전한 초·중등 교육을 실시하겠다고 선포했다. 컴퓨터로 교육받는 아동들이 현실 세계와 접촉하지 못할까 봐 두려워하는 사람들을 확신시키기라도 하는 듯이 "이 학교의 유치원 교사들은 마우스 패드를 이용하여 손가락으로 그림을 그리고, 좀더 큰 아동들에게 가상 화학실험실에서 실제와 같은 비커와 전자 분젠 가스 버너를 이용하게 할 것이다"고 한다. 이러한 낙관주의는 중국에서도 마찬가지이다. 로이터 통신은 2000년 8월 22일 "중국 대통령 장 쩌민은 월요일에 전자 메일, 전자 상거래, 원격 학습 및 원격 의학이 중국을 변화시킬 것이라고 발표함으로써 인터넷의 발전을 확신했다"라고 보도했다.

4) 이 연설은 1999년 4월 29일, 워싱턴 D.C.의 네트워킹 '99회의에서 행해졌고, 1999년《에듀콤 리뷰 *Educom Review*》, 34, 6호에 실렸다. 웹 사이트 http://www.educause.edu/ir/library/html/erm9963.html에서도 찾아볼 수 있다.

5) 이 마지막 사항에 대한 헌트의 언급은 다음과 같다: "인터넷은 또한 엘리트를 죽인다. 최상의 아이비 리그에서 세 대학 중 한 대학이 수입원을 고려하여 학생들을 뽑는 것은 좀 걱정스러운 일이라고 보도했다. 통계적으로 최상의 아이비 리그 학교의 학생들 중 85퍼센트가 고소득층 자녀이다……" 이제 미국에서 최고 단계의 교육이 민주화되어야 할 때이다.

6) 〈파울라 고든 쇼 The Paula Gordon Show〉, WGUN의 2000년 2월 19일 방송분.

7) 가브리엘(R. Gabriel), 〈컴퓨터들은 캠퍼스를 단일화시키고, 학생들을 뿔뿔이 흩어지게 만든다 Computers can Unify Campuses, but also Drive Students Apart〉, 《뉴욕 타임스 The New York Times》, 1996년 11월 11일.

8) 보다 자세한 것은 드레퓌스(Dreyfus)와 드레퓌스(Dreyfus)의 위의 책 참조.

9) 폴라니(M. Polanyi), 《개인적 지식 *Personal Knowledge*》(London: Routledge & Kegan Paul, 1958).

10) 파트리시아 베너(Patricia Benner)는 《초심자에서 전문가까지: 간호사 임상 실습의 탁월성과 힘 *From Novice to Expert: Excellence and Power in Clinical Nursing Practice*》(Menlo Park, CA: Addison-Wesley, 1984, p.164)에서 이 현상을 기술한다. 위험을 수용하지 못한다면 전문 지식과 관련하여 융통성을 발휘하지 못하고 지나치게 경직된다. 위험을 싫어하는 사람이 잘못된 판단을 해서 문제에 봉착하면, 그는 그 상황을 위험한 상황으로 분류하여 자신의 오류를 합리화하고 그것을 표준으로 삼아 앞으로는 그런 종류의 상황을 피하고자 노력한다. 극단적인 예를 들자면 운전자가 주차장에서 급하게 차를 빼다가 위험에 빨리 대처하지 못하고서 진행하고 있던 다른 차와 접촉 사고를 낸 경우, 그 다음부터 그 운전자는 주변에 다가오는 차가 있을 때 절대로 차를 빼지 않는다. 이러한 경직된 반응은 어떤 경우에는 안전 운행을 보증하지만 더 이상의 정교한 기능을 익히지 못하게 만든다. 이 경우 그 운전자는 앞으로 주차장에서 차를 융통성 있게 빼는 기능을 결코 익히지 못할 것이다. 보편적인 규칙을 따르고자 한다면 사람들은 일반적으로 능숙함 이상의 능력을 성취해 내지 못한다. 만일 운전자가 위의 예와는 달리, 무엇이 왜 잘못되었는지를 머릿속으로만 생각지 않고 자신의 행동의 뼈아픈 결과를 몸으로 감지한다면 발전이 가능하다. 그가 이런 식으로 반응했다면, 그는 위험에 충분히 경각심을 느꼈기 때문에 앞으로 차를 그렇듯 급하게 빼지는 않을 것이고, 이것이 가치 있는 경험이 되어 아주 융통성 있고 숙련된 운전자가 될 가능성이 높다.

혹자는 이런 식의 설명은 감정의 역할을 거꾸로 해석한 것이라고 반박할 수도 있을 것이다. 실제로 초보자일수록 학습에 감정이 개입되고, 전문가에 가까워질수록 실제 상황에서 보다 냉정하고 감정에 치우치지 않고 합리적이 되어야 한다. 이것은 의심할 여지없는 사실이다. 그러나 초보자는 단지 규칙을 따르면서 경험을 쌓기 때문에 그가 몰입하느냐의 문제는 동기 부여의 문제에 불과하다. 게다가 초보자는 행위를 '선택'하지만, 그 선택이 결과를 좌우한다 할지라도 그는 정서적으로 그 선택에 몰입하지 않는다. 능숙함의 단계에 이르러야만 '행위의 선택'에 감정이 개입한다. 이 경우 정서적 몰입은 두뇌의 좌반구를 이용한 분석적 접근만으로 대충 생각하던 태도를 바꾸어 두뇌의 우반구까지 이용함으로써 전일적 접근을 가능하게 하는 데 필수적인 역할을 수행하고 있는 것으로 보인다. 물론 이때 열광이나 자신이 우매하게 보이는 것에 대한 공포, 승리의 환희 등과 같은 어떤 하나의 정서적 반응들만 작용하는 것은 아니다. 문제가 되는 것은 선택이 성공했을 때와 그렇지 못했을 때, 그리고 그 선택에 대해 심사숙고하면서 느끼는 책임감이다. 이것은 단순히 승리나 패배에 관한 좋은 감정이나 나쁜 감정이 아니라 단계별로 자신이 한 일을 꼼꼼하게 다시 되씹어 보는 것이다. 요점은 자신의 통찰력이나 실수를 '분석하는' 것이 아니라 그 실수나 통찰력 속으로 '빠져드는' 것이다. 이때에야 사람들은 비로소 전문가가 된다는 것을 경험으로 알 수 있다. 전문가가 된 후에 그는 자신의 월계관에 만족하고 더 이상 고민하지 않을 수도 있다. 하지만 전문가가 되어서도 연구를 계속한다면 그는 자신의 비판적 선택이 무엇이며, 그 선택이 결과에 어떤 영향을 미치는지 계속해서 정서적으로 매달리게 된다.

11) 닐슨(K. Nielsen), 〈음악가의 견습, 사회적 위상이 확보되어 있는 음악 아카데미에서 배우기 Musical Apprenticeship, Learning at the Academy of Music as Socilly Situated〉, 《노르딕 교육 연구 저널 Nordic Journal of Educational Research》 3권, 1997.

12) 견습을 자세히 살펴보면, 이런 종류의 훈련은 테스트뿐만 아니라 강의에도 중요한 통찰력을 제공한다는 것을 알 수 있다. 견습생은 대가를 모방함으로써 대가가 된다. 그는 점차적으로 전 작업을 수행하는 법을 배운다. 기능을 구성 요소별로 배우는 것이 아니고, 오히려 작은 단위로 전일적 향상을 도모하는 것이기 때문에 관련된 기능의 각 구성 요소별로 학생을 테스트할 수 있는 방법은 없다. 한 분야에 정통하지 못하고 위기에 처하는 것은 대부분의 대학이나 인터넷상에서 사용되는 시험 유형이 유

용하지 못하고 역효과를 내기 때문이다. 각 단계별로 학생이 정상적으로 익혀야 하는 구성 요소들을 완전히 익혔는지 주기적으로 시험을 보는 대신에, 대가가 견습생이 그 기능을 배웠다고 판단할 때 그의 전문 영역에서 전문가가 일반적으로 수행하는 것을 수행해 보도록 하는 것이 좋다. 한 예로 견습생이 악기 연주를 배운다면, 대가는 그에게 이를테면 바이올린을 연주해 보라고 할 수 있다. 그러나 표준 그래프로 점수를 매기는 시험을 치지 않고서, 그 견습생이 바이올린을 잘 연주하는지 판단할 수 있는 사람은 전문가뿐이다. 그러므로 대가들이 모여서 견습생의 바이올린 연주를 평가한다. 견습생이 바이올린 연주를 잘한다면 그는 다른 대가에게 보내진다. 연주가 아직 서툴다면 그는 다시 돌아가 보다 많은 경험을 쌓아야 한다.

13) 문화 양식이 작동하는 핵심적 방식을 포착하기 위해 나는 몇 가지 특정한 사회학적 주장들을 단순화시켰다. 보다 자세한 사항을 위해서는 예를 들어 코딜(W. Caudill)과 웨인스타인(H. Weinstein), 〈일본과 미국에서 어머니의 보살핌과 유아의 행동 Maternal Care and Infant Behavior in Japan and America〉, 라바텔리(C. S. Lavatelli)와 스텐들러(F. Stendler) 편, 《아동의 행동과 발달 선집 Readings in Child Behavior and Development》 (New York: Harcourt Brace, 1972), p.78부터 참조할 것.

14) 현재 인간을 이기고 세계 체스 경기 챔피언으로 등극한 딥 블루(Deep Blue)라는 체스 컴퓨터 프로그램은 전문가에게서 획득한 규칙으로 작동하는 전문가 시스템이 아니다. 전문가들은 기껏해야 말을 움직일 수 있는 경우의 수를 2백여 가지 정도밖에 볼 수 없는 반면, 딥 블루는 컴퓨터의 계산 능력(brute force, 혹은 억지 기법이라고도 한다)을 이용하여 초당 10억 개의 가능한 경우의 수를 포착하고 '모든' 행마의 이동에서 미래의 일곱 가지 경우의 수를 찾아낼 수 있지만 상황은 전혀 이해하지 못한다.

15) 앨런 웨이드(Allen Wade), 《예이츠의 편지들 The Letters of W. B. Yeats》의 마지막 편지(New York, Macmillan, 1955), p.922. 이 편지는 예이츠가 사망하기 직전 엘리자베스 펠햄(Elizabeth Pelham) 부인에게 보낸 것이다.

III. 탈신체화된 원격 존재와 현실의 먼 거리

1) 포스터(E. M. Forster), 〈기계의 작동 정지〉, 《새 단편 소설 모음집 *The New Collected Short Stories*》(London, Sedgwick & Jackson, 1985). 1909년에 씌어진 작품으로 부분적으로는 웰스(H. G. Wells)의 과학 찬미에 대한 응답이다. '기계의 작동 정지' 배경은 먼 미래로서, 인류는 음식과 주거, 커뮤니케이션과 건강 진료 등을 범세계적 기계에 의존하고 있다. 하지만 고립과 고착된 생활로 인해 인간성은 폐기된다. 모든 사람은 모든 신체적 욕구가 충족되며, 기계에 대해 믿음이 주요 정신적 지주가 되는 육면체 지하 독방에 살고 있다. 사람들은 거의 자신의 방을 떠나지 않으며, 먼 대면으로 만나지 않는다. 대신 그들은 기계의 일부인 범지구적 웹을 통해 교류한다.

2) 신체를 떠난다는 생각은 이론적 작업을 할 때에도 경험할 수 있는 것이다. 데카르트는 《성찰록 *Meditations*》을 집필할 때, 행동과 감정에 휩쓸리지 않도록 따뜻한 방 안에 은거했다고 말한다. 물론 초연하고 이론적인 관점에서는 인간이 무엇인지에 대해 색다른 관념을 지닐 수 있는 위험이 있다. 실제로 데카르트도 신체가 본질이 아니라는 결론에 도달했다.

3) 마크(J. Mark), 〈인터넷의 연구는 보다 새롭고 보다 외로운 군중의 초상을 포착한다 Portrait of a Newer, Lonelier Crowd is Captured in an Internet Survey〉, 《뉴욕 타임스 *The New York times*》, 2000년 2월 16일.

4) 같은 책.

5) 존슨(G. Johnson), 《와이어드 매거진 *Wired Magazine*》, 2000년 1월.

6) 성 아우구스티누스(Saint Augustine), 《고백록 *Confessions*》, 피네-코핀(R. S. Pine-Coffin) 옮김(London: Penguin, 1961), p.114.

7) 해킹(I. Hacking), 《표상하기과 개입하기 *Representing and Intervening*》(Cambridge, Cambridge University Press, 1983), p.194.

8) 르네 데카르트(René Descartes), 〈굴절광학 Dioptric〉, 《데카르트: 철학 선집 *Decartes: Philosophical Writings*》, 노르만 켐프 스미스(Norman Kemp

Smith) 편역(New York, Modern Library, 1958), p.150.

9) 같은 책, p.235.

10) 켄 골드버그(Ken Goldberg)의 유명한 웹 아트 작품인 〈텔레가든 The Telegarden〉은 이러한 원격 상호 작용의 한 예이다. 전세계에서 터미널을 통해 로그인하여 이곳을 방문하는 사람들은 오스트리아의 박물관에 있는 6×6피트의 땅에 로봇과 카메라를 이용하여 씨를 뿌리고 물을 주고 관람할 수 있다.

11) 메를로 퐁티(M. Merleau-ponty), 《지각현상학 Phenomenology of Perception》, 콜린 스미스(Colin Smith) 옮김(London: Routledge & Kegan Paul, 1979), p.302.

12) 위의 책, p.250.

13) 이 주장은 새뮤얼 토드(Samuel Todes)의 《신체와 세계 Body and World》(Cambridge, MA: MIT Press, 2001)에서 상세하게 논의되고 있다.

14) 메를로 퐁티(Merleau-Ponty), 위의 책, p.250.

15) 헬드(R. M. Held)와 덜라치(N. I. Durlach), 〈원격 존재 Telepresence〉, 《현존 Presence》 1권, pp.109-11. 켄 골드버그(Ken Goldberg) 편, 《정원의 로봇: 인터넷 시대의 텔레로봇학과 원격 인식 The Robot in the Garden: Telerobotics and Telepistemology in the Age of the Internet》(Cambridge: MIT Press, 2000)에 인용되어 있다.

16) 캐니(J. Canny)와 파울로스(E. Paulos), 〈원격 신체화와 현존의 흩어짐: 온라인 상호 작용을 위한 신체의 재구성 Tele-Embodiment and Shattered Presence: Reconstructing the Body for Online Interaction〉, 골드버그 편, 위의 책.

17) 개인적 통신.

18) 하이데거(M. Heidegger), 《형이상학의 근본 개념 The Fundamental Concepts of Metaphysics》, 맥네일(McNeil)과 워커(N. Walker) 옮김(Blomington: Indiana University Press, 1995), p.66-7.

19) 그레이브즈(W. H. Graves), 〈고등 교육의 '자유 무역': 메타대학교 'Free Trade' in Higher Education: The Meta University〉, 《비동시 학습 네

트워크 저널 *Journal of Asynchronous Learning Networks*》, 1권 1호, 1997년 봄.

20) 메를로 퐁티, 위의 책, p.136.

21) 즉 선수는 세부적인 장면을 보다 더 분명히 보기 위해 실제 생활에서와 같이 거리를 간파하지 못한다. 메를로 퐁티가 말하듯이 "영화에서 카메라가 한 대상을 지목하여 보다 가까이 다가가 대상을 클로즈업할 때, 우리는 재떨이를 보게 되었는지, 배우의 손을 보게 되었는지 '기억'할 수는 있지만 실제로 확인하지는 못한다. 이것은 스크린에는 한계가 없기 때문이다. 하지만 나는 정상적인 시각에서 전체 풍경 속에서 생명력이 있고 드러나 있는 한 부분만 응시하도록 나 자신을 조종할 수 있다. 이때 다른 대상들은 주변부로 퇴거하여 휴지 상태로 들어간다. 그러나 그 대상들은 존재하지 않는 것은 아니다."《지각현상학》, p.68.

22) 메를로 퐁티는 우리의 시각 장(visual field)에서 정확한 경계가 없는 존재의 현실 세계의 의미와 우리의 등 뒤에서 진행되고 있는 세계에 대한 의미에 대해서 이야기한다. 그는 우리 뒤에 있는 세계가 갑자기 부서져 버린 것처럼 우리가 느낄 때, 우리 앞에 있는 장면들이 다르게 보일 것이라고 지적한다. "우리의 등 뒤에 있는 대상들은…… 기억이나 판단의 작동으로 나에게 표상(represent)되는 것이 아니라, 그 대상들이 현전하여(present) 나에게 가치 있게 된다……."《의미와 무의미 *Sense and Non-Sense*》, p.51.

23) 개인적 통신.

24) 포스터(Forster), 위의 책.

25) 컴퓨터로 지원되는 협업에 대한 실험에서 사람들은 면 대 면 상호 작용보다 온라인 통신에서 더 많이 탈퇴하는 경향이 있으며, 사람들간에 직접적인 접촉이 사전에 이루어진 경우 이러한 경향이 감소한다는 것을 보여 준다. 그래서 컴퓨터 테크놀로지는 인간의 조직과 인간 관계에서 이미 확보된 신뢰 관계를 약화시킬 수 있으며, 속임수와 신뢰간의 문제를 악화시킬 것이다. 카스텔프란치(C. Castelfranchi)와 탠(Y. H. Tan) 편, 《가상 사회의 신뢰와 속임수 *Trust and Deception in Virtual Societies*》(Dordrecht,

Netherlands, Kluwer Academic Press, 2001년 발간 예정) 참조.

26) 그러나 사람들은 MUD 이용자들이 대화방에서 사랑에 빠진다고 말한다. 나는 이에 대해 뭐라고 해야 할지 모르겠다. 그들이 진정으로 서로를 신뢰하는가, 아니면 에로틱한 매력이 신체적이라기보다 언어적이라고 셰익스피어가 말한 바를 드러내 보이는 것인가? (예를 들면 《트로일로스와 크레시다 Troilus and Cressida》(4막 5장, pp.35-63)에서 크레시다의 에로틱한 매력에 대해 율리시스가 묘사하는 장면 참조.)

27) 스턴(D. N. Stern), 《유아 대인 관계의 세계 The Interpersonal World of the Infant》, New York: Basic Books, 1985.

28) 할로우(H. F. Harlow)와 지머만(R. R. Zimmerman), 〈유아 원숭이의 애정 반응 Affectional Responses in the Infant Monkey〉, 《사이언스 Science》, v.130, 1959, pp.421-32. 할로우(H. F. Harlow)와 할로우(M. H. Harlow), 〈사랑의 학습 Learning to Love〉, 《아메리칸 사이언티스트 American Scientist》, v.54, 1966, pp.244-72. 이 실험에서 고아가 된 원숭이들에게 두 종류의 대리 '어미'를 제공했다. 하나는 통신 어미였고, 하나는 보풀보풀한 천으로 만들어진 어미였다. 통신 어미를 보다 매력적으로 만들기 위해 할로우는 밥그릇을 통신 원숭이의 일부로 만들었다. 그러나 이러한 노력에도 불구하고 새끼원숭이들은 겁에 질릴 때마다 통신 어미가 아닌 보풀 천의 어미원숭이에게 달려갔다.

IV. 정보 고속도로의 허무주의: 현시대의 익명성과 책임

1) 키에르케고르(S. Kierkegaard), 〈당대 The Present Age〉, 《문학 평론 A Literary Review》, 하니(A. Hanny) 옮김, 근간(London/New York, Penguin). 하니의 번역은 아직 출판되지 않았지만, 이 번역서의 쪽수는 알렉산더 드루(Alexander Dru)의 〈당대〉 번역본(Haper and Row, New York, 1962)과 동일하다.

2) 위의 책, p.59.

3) 키에르케고르(S. Kierkegarrd), 《일기와 기록물들 Journals and Papers》,

홍(H. V. Hong)과 홍(E. H. Hong) 편역, Bloomington: Indiana University Press, 2권. 483호.

4) 위의 책, 2163호.

5) 위의 책.

6) 하버마스(J. Habermas), 《공론 장의 구조 변동 *The Structural Trans-formation of the Public Sphere*》, Cambridge, MA, MIT Press, 1989.

7) 위의 책, p.94.

8) 위의 책, p.130.

9) 위의 책, pp.131-133.

10) 위의 책, p.138.

11) 위의 책, p.134.

12) 위의 책, p.137.

13) 키에르케고르, 〈당대〉, p.62.

14) 위의 책, pp.62-63.(필자 강조)

15) 위의 책, p.77.

16) 위의 책, p.42.

17) 위의 책, p.68.(키에르케고르 강조)

18) 위의 책, p.77.

19) 키에르케고르, 《일기와 기록물들》, 2권, 480호.

20) 위의 책, 489호. 키에르케고르가 살아 있다면, 그는 의심할 여지없이 이 모토를 웹에 적용할 것이다. 즉 어떠한 개인도 언론에서 정보의 결과에 책임을 질 필요가 없는 것과 마찬가지로 어떤 사람도 웹상의 정보의 정확성에 대해서도 책임지지 않는다. 정보의 신뢰성에는 아무도 관심이 없다. 아무튼 아무도 그 정보를 토대로 행동하지 않을 것이기 때문이다. 문제가 되는 모든 것은 모든 사람이 다른 이용자에게 그 단어를 전송하여 전달할 수 있는가이다. 정보는 익명적이기 때문에 아무도 그 정보의 출처를 알고자 하지도, 그 출처에 대해 관심을 갖지도 않는다. 아무도 책임지지 않는다는 것을 확실히 하기 위해서 사생활 보호라는 미명하에, 심지어 송신자의 주소도 노출되지 않는다는 것을 보증해 주는 ID 코드가 개발되

고 있다. 키에르케고르의 언론에 대한 다음과 같은 주장은 아마도 인터넷에 대해서도 동일했을 것이다: "이 무시무시하고 불균형한 의사 소통 수단의 도움으로 책임감을 전혀 느끼지 않고서 어떤 사람이 어떤 오류를 유포한다고 해도…… 그 사람은 그 어떤 특정한 사람이 아니다. 이 사실은 정말 무시무시하다."(키에르케고르, 《일기와 기록물들》 2권, 481호)

21) 키에르케고르, 〈당대〉, p.64.

22) 비록 키에르케고르가 언급하지는 않았지만, 이러한 이해 단체에서 놀라운 것은 대화에 참여하기 위해 어떤 경험이나 기능도 요구되지 않는다는 것이다. 실제로 공론 장의 심각한 위험은 인터넷에 대해 설명된 바처럼 그것이 전문가적 의견을 훼손한다는 것이다. II장에서 살펴보았듯이 기능의 습득은 상황의 해석을 요구한다. 이것은 어떤 행동을 취할 것을 요구하며, 그 행동을 취한 후, 그 결과로부터 배워야 하는 종류의 것이다. 키에르케고르가 이해한 바와 마찬가지로 위험한 행동을 취함으로써 성공과 실패 모두를 경험하지 않고서는 결코 실천적 지혜를 얻을 수 없다. 이러한 경험이 없다면 학습자는 능숙성의 단계를 벗어나지 못하고, 대가가될 수 없을 것이다. 그러므로 라디오나 텔레비전의 진지한 프로그램에 등장하는 공론 장의 영웅들은 모든 쟁점에 대해 어떤 견해를 지니고 있으며, 자신의 견해를 추상적 원칙들에 호소함으로써 정당화한다. 하지만 그들은 그들이 옹호하는 원칙들에 입각하여 행동할 필요가 없으며, 따라서 열정이 있는 전망을 결여한다. 자신의 전망에 열정이 있다면 이것만으로도 지독한 오류를 범할 수도 있고, 놀라운 성공을 거둘 수 있다. 따라서 이것은 실천적 지혜를 단계적으로 획득할 수 있게 해주는 것이다.

23) 키에르케고르, 《교훈을 주는 담화 *Edifying Discourses*》, 홀머(P. L. Holmer) 편, New York, Haper Torchbooks, 1958, p.256.

24) 위의 책, p.240.

25) 위의 책, p.262.

26) 키에르케고르, 〈당대〉, p.103.

27) 위의 책, p.79.

28) 키에르케고르가 '영역(sphere)'이라는 용어를 사용하여 삶의 각 영역

을 구분할 때 명상은 판단 행위를 할 때와 정반대의 영역에 속하며, 따라서 어떤 것을 절대적으로 만드는 것과 반대되는 것이다. 그러므로 하버마스가 말한 공론 장(public sphere)은 키에르케고르에게는 결코 영역이 될 수 없다.

이와 관련해서 비영역(non-sphere)은 언급할 가치가 있다. 이것은 네트에서 대중화된 것으로, [가톨릭 신부인] 테야르 드 샤르댕(Teilhard de Chardin)의 용어로는 정신권(Noosphere)이다. 이 용어는 엑스트로피언 등이 받아들여 사용하는 것으로 월드 와이드 웹 덕분으로 우리의 정신이 언젠가는 신체를 벗어던질 것이라는 희망을 담고 있다. 정신의 영역인 정신권(이오니아 지역의 그리스어로 'noos'는 '정신'을 의미한다)은 지구의 자원을 통제하고, 통일된 사랑의 세계를 목자로서 인도하기 위해 지구를 둘러싸고 있는 하나의 거대한 정신적 네트워크 속에 모든 인간들이 응집하고 있는 곳으로 간주된다. 테야르에 따르면 이것은 시간의 끝점(End-Point), 즉 오메가(Omege)이다.

키에르케고르의 관점에서 위험한, 육체화된 국지성과 개인적 책임이 안전하고 편재하는 초연한 명상과 사랑으로 대체된 정신권은 공론 장의 혼동된 기독교식 해석이 될 것이다.

29) 터클(S. Turkle), 《스크린 위의 삶: 인터넷 시대의 정체성 *Life on the Screen: Identity in the Age of the Internet*》, New York: Simon and Schuster, 1995, pp.263-4.

30) 위의 책, p.180.

31) 위의 책, p.26.

32) 터클은 《스크린 위의 삶》을 출판하고 난 다음해 이러한 실험에 의문을 지니고 있었던 것으로 보인다. 그녀는 "내가 인터뷰를 했던 사람들 중 다수가 가상 공간의 젠더의 전환(인터넷에서 남성은 여성으로, 여성은 남성으로 가장하는 것)은 상반된 성 역할이 어떤 것인지를 이해할 수 있게 해준다고 주장한다. 나는 의심할 여지없이 이것이 최소한 부분적으로 사실이라고 생각한다. 그러나 사람들이 이러한 주장을 펴는 것을 보면서 나의 정신은 여성의 신체 속에서 살고 있는 나 자신의 경험을 둘러보게 된다.

이것은 신체적 취약성, 원하지 않는 임신과 불임의 공포, 취업 인터뷰에서 어느 정도 화장을 해야 하는지에 대한 세심한 판단, 그리고 월경이라는 족쇄로 인해 이중고를 치르며 전문적 세미나를 개최해야 하는 어려움 등에 대한 걱정을 망라하는 것이다. 이러한 것을 아는 것은 타고난 경험 때문이며, 신체적 감각에 의존하는 것이다. (터클, 〈가상성과 그 불만: 사이버스페이스 공동체의 탐색 Virtuality and its Discontents: Searching for Community in Cyberspace〉, 《아메리카 프로스펙트 The Americn Pro-spect》 24호, 겨울, 1996.)

33) 키에르케고르, 〈당대〉, p.68.

34) 키에르케고르, 《이것이냐 저것이냐 Either/Or》, 스윈슨(D. F. Swenson)과 스윈슨(L. M. Swenson) 옮김, Princeton: Princeton University Press, 1959, 2권, p.16-17.

35) 위의 책, 1권, p.46.

36) 위의 책, 2권, p.197.

37) 내가 쇠렌 키에르케고르 부분을 집필하고 있을 때, 구글(Google)은 3천4백50개의 웹 페이지를 찾아 주었고, 알타 비스타(Alta Vista)는 7천4백52개를 찾아 주었다.

38) 키에르케고르, 《이것이냐 저것이냐》, 2권, p.228.

39) 사르트르(J. P. Sartre)는 《존재와 무 Being and Nothingness》에서 완전히 자유로운 선택의 부조리성을 설파한다.

40) 사르트르는 《존재와 무》에서 도박꾼의 사례를 든다. 도박꾼은 어느 날 저녁 자진하여 더 이상 도박을 하지 않겠다고 결정했다. 하지만 그는 다음날 아침 자신의 판단을 지속할지에 대해 다시 자유롭게 결정 내려야 한다.

41) 키에르케고르, 《죽음에 이르는 병》.

42) 키에르케고르에게 기독교는 두 가지 형태가 있다. 그 하나는 플라톤적이고 탈육체화된 것이다. 이것은 아우구스티누스(St. Augustine)에게서 가장 잘 표현된다. 이 형태는 이생에서 인간의 욕망을 충족시키고자 하는 희망을 버리고, 하나를 돌보기 위해 신을 신뢰하는 것에 해당한다. 키에

르케고르는 이를 종교성 A라고 부른다. 그리고 이것은 기독교의 진정한 의미가 아니라고 말한다. 키에르케고르에게 진정한 기독교, 즉 종교성 B 는 육화(Incarnation)에 기초하며 어떤 유한한 것에 무조건적 책임을 부과하고, 그러한 책임이 요구하는 위험을 받아들이는 신앙이 부여한 용기를 가지는 것으로 구성된다. 이러한 책임 있는 삶이 인간에게 이 생에서 의미 있는 삶을 부여한다.

43) 온라인상에서 위험 의식을 촉발하는 시도는 켄 골드버그의 원격 로봇 장치 프로젝트(Legal Tender www.conterfeit.org)에서 이루어졌다. 원격 시청자들이 진짜라고 주장되는 미화 1백 달러짜리 지폐 한 장을 가지고 출석했다. 전자 메일로 전송된 암호를 등록한 후, 참여자들은 온라인 원격 로봇 실험실에서 지폐를 태우거나 구멍을 뚫어서 그 지폐를 가지고 '실험'을 감행할 수 있는 기회를 부여받았다. 실험을 선택한 참여자들에게 미국 화폐를 손상시키는 것은 연방 범죄이며, 이것은 6개월 형을 살아야 한다는 것을 환기시켰다. 투옥의 위협에도 불구하고 참여자들이 그들이 '책임감을 받아들인다'는 것을 지칭하는 버튼을 클릭하면 원격 실험이 수행되고 결과가 나온다. 최종적으로 참여자들은 이 지폐를 믿는지, 실험이 진짜인지에 대한 질문을 받았다. 거의 모두가 이에 부정적으로 응답했다. 그래서 그들은 지폐를 진짜로 믿지 않거나, 아니면 화폐를 손상한 죄로 고소될 때를 대비해서 알리바이를 만들어야 했다. 두 가지 경우 모두 그들은 어떤 위험도 경험하지 않았고, 결국 어떤 책임도 받아들이지 않았다.

44) 터클은 다음과 같이 설명한다. "(개인적인 동시에 사회적인) 실제 문제를 해결하는 것 대신에 우리들 중 다수는 비실제적 장소에 자신을 투여하는 것을 선택하는 것으로 나타났다. 여자들과 남자들은 MUD 게임상의 방과 미로들이 도시의 거리보다 더 안전하며, 가상 섹스가 실제 섹스보다 더 안전하고, MUD의 우정이 실제 우정보다 더 강력하다고 말했으며, 또한 일이 제대로 되지 않을 때 언제든 떠날 수 있다고 말했다."(S. Turkle, 〈가상성과 그 불만: 사이버스페이스에서 공동체의 탐색 Virtuality and its Discontents: Searching for community in Cyberspace〉, 《아메리카 프로스펙트 The Amercian Prospect》, 24호, 겨울, 1996)

45) 키에르케고르, 〈당대〉, p.80.

결 론

1) 게른세이(L. Guernsey), 〈사이보그인 검색 엔진 The Search Engine as Cyborg〉, 《뉴욕 타임스 The New York Times》, 2000년 6월 29일.

2) 장(K. Chang), 〈과학 시대 Science Times〉, 《뉴욕 타임스 The New York Times》, 2000년 9월 12일.

3) 톰슨(C. Thompson), 〈그곳에 현전하기 Being There〉, 《포춘 매거진 Fortune Magazine》, 인터넷의 미래를 다룬 특별호, 142: 8, 2000년 10월, p.236.

4) 미국 공영 라디오(National Public Radio), 《전국 토론 Talk of the Nation》, 2000년 2월 29일.

5) 레인골드(H. Rheingold), 〈가상 공동체: 전자 개척지에 집짓기 The Virtual Community: Homesteading on the Electronic Frontier〉, 개정판, Cambridge, MA: MIT Press, 2000.

6) 위의 책, pp.375-376.

7) 위의 책.

8) 위의 책, p.379.

9) 위의 책, p.382.

10) 위의 책, p.384.

11) 위의 책.

12) 니체, 《차라투스트라는 이렇게 말했다》, 코프만(W. Kaufmann) 옮김, New York: Viking Press, 1966, p.34.

역자 후기

지금은 포스트가 창궐하는 시대이다. 이 시대를 특징짓는 큰 말들은 거의 모두가 다 포스트로 시작한다. 포스트모더니즘, 포스트구조주의, 포스트식민주의, 포스트마르크시즘…… 이 목록에 사람들은 다시 포스트휴먼이라는 개념을 추가한다. 이 책 역시 인터넷 시대의 인간과 포스트휴먼의 위상에 대한 고민을 담고 있다. 그렇다면 포스트휴먼은 무엇인가? 물론 이것은 그 의미가 아직 확정되지 않은 열려 있는 장이긴 하지만, 많은 경우 이는 정보화 시대를 살아가는 우리 인간의 조건으로 개념화된다. 물론 이 책의 초점이 포스트휴먼의 개념을 규정하는 데 있는 것이 아니기 때문에, 저자는 확실히 포스트휴먼을 전경화시킨다기보다는 그 개념을 배경으로 깔고 있다. 하지만 최소한 이 책에서 포스트휴먼이란 우리가 취약한 신체의 한계를 벗어나, 우리의 정신이 자유롭게 인터넷의 세계를 떠다니며 시간과 공간을 초월하여 어떤 시간 어떤 장소에라도 출몰할 수 있는 새로운 인간을 말한다. 즉 컴퓨터로 인간의 정신을 다운로드하는 것을 상상하는 모라벡과 같은 과학자의 경우가 이에 해당한다. 이것은 인간의 불멸성을 상정하기 위한 것으로, 신체의 한계를 벗어나 시공을 초월할 수 있는 인간 개념을 상상하는 것이다. 다시 말해 포스트휴먼이란 탈신체화된, 신체의 한계를 벗어난 정보에 기초를 둔 인간, 기계와 분리될 수 없는 인간 개념을 말한다. 따라서 포스트휴먼에서 중시되는 것은 인간의 의식이며, 인간의 정체성의 핵심은 육체가 아닌 정신 혹은 의식이 되는 것이다. 이러한 인간의 조건은 미생물학·가상 현실·인공적 삶·신경병리학·인공 지능·인지과학 등 많은 영역에서 실질적으로 논의되고 있는 광범위한 문화 기술의 영역이다.

이 책은 신체를 폐기하고 인터넷을 통해 포스트휴먼을 지향할 때 우리 시대 기술의 정수로 여겨지는 인터넷이 우리에게 해줄 수 있는 것은 무엇인가라는 보다 기술적이고 현실적인 문제에 초점을 맞추고 있다. 이 책의 저자인 허버트 드레퓌스는 기존의 탈근대론자들의 근대적 의미의 주체의 종말이나 인간의 종말 등의 주장을 포스트휴먼 논의의 대상으로 삼은 것이 아니라 인공 지능, 혹은 정신만으로 인간을 대신할 수 있다는 환상을 비판하고 컴퓨터가 만들어낸 영역들, 즉 원격 교육, 원격 화상회의 등에서 볼 수 있는 바와 같이 포스트휴먼 개념이 포함하는 온라인상의 삶의 가능성과 한계를 과연 신체 없이 인간이 잘 지낼 수 있는가라는 화두를 중심으로 논의를 전개하고 있다. 그리고 이를 니체 · 메를로 퐁티와 키에르케고르 등의 철학자들의 주장에 의존하여 예증하고 있다. 사실 허버트 드레퓌스는 그의 《미셸 푸코: 구조주의와 해석학을 넘어서》(나남, 1989)가 국내에 번역 소개됨으로써 푸코 연구자로 알려져 있지만, 철학자로서는 보기 드물게 인공 지능을 포함한 인지과학의 주제와 관련하여 왕성하게 연구하고 있는 대표적인 학자이다. 특히 그의 《컴퓨터가 할 수 없는 것 *What Computers Can't Do*》은 인공 지능 분야에서의 고전으로 많은 논쟁을 불러일으켰던 책이다.*

신체의 한계를 벗어나 순수 정신이 되려는 꿈은 플라톤 이래로 우리 인류의 꿈이기도 하다. 하지만 우리는 신체 없이 얼마나 잘 지낼 수 있는가? 그의 주장을 한마디로 요약하자면 포스트휴먼의 꿈은 환상이다. 그의 책은 포스트휴먼의 꿈에 정면으로 도전하는 것이

---

* 이 책은 1992년 《컴퓨터가 여전히 할 수 없는 것 *What Computers Still Can't Do*》이라는 새로운 이름으로 재출간되었다. 이외에도 이 분야에 관해서 〈기계보다 나은 정신: 직관의 능력과 컴퓨터 시대의 전문가 Mind over Machine: The Power of Human Intuition and Expertise in the Era of the Computer〉(1989)가 있으며, 많은 논문을 써내고 있다. 《인터넷상에서》는 1989년 이후의 이 분야의 논문들을 토대로 정리, 보완하여 한 권의 책으로 묶은 것이다.

고, 인간이 포스트휴먼에 대해 가지고 있는 기존의 환상을 깨뜨리고자 하는 것이다. 그는 이를 검증하기 위해 인공 지능의 문제, 원격 교육의 문제, 원격 존재 혹은 통신 존재의 문제 등의 각론으로 들어간다.

I장에서 드레퓌스는 우선 포스트휴먼이 가능해질 수 있는 기술적 토대로서 인공 지능, 즉 AI를 논한다. 과연 인공 지능은 현재 어디까지 나아가 있으며, 인공 지능은 과연 신체화된 인간의 능력을 넘어설 수 있는가? 손쉬운 예로 인터넷의 검색 시스템에서 인공 지능이 어느 정도 효과를 발휘할 수 있는가를 정보 검색과 하이퍼링크를 통해서 인공 지능의 현실적 가능성을 검토한다. 현재까지의 연구에서 인공 지능은 결코 신체에 기반하는 인간의 상식을 이해할 수 없으며, 어떤 알고리즘 과정도 신체화된 인간의 모든 것을 재생할 수는 없었다. 그는 하나의 예로서 정보 검색 체계가 인간의 상식을 얼마나 잘 이해할 수 있는가를 든다. 예를 들면 조지 워싱턴이 몇년도에 국회의사당에 있었다는 말에서 신체를 가진 우리는 조지 워싱턴의 왼발이나 오른발도 그때 국회에 있었다는 것을 알지만, 컴퓨터는 우리가 그것을 입력해 주지 않는 이상 이를 인식하지 못한다. 그리고 그가 예컨대 1799년에 죽었다는 표현은 1800, 1801년에도 계속 죽어 있는 것이라는 것, 이런 것들은 너무나 명확해서 조직화할 필요도 없는 것이지만 컴퓨터는 이를 인식하지 못한다. 또 하나의 예로 컴퓨터가 '휴식'이라는 말을 인식하도록 만들기 위해 우리는 휴식과 관련된 모든 개별적 상황을 입력해 주어야 한다. 따라서 정보 검색 체계에 신체화된 우리의 상식을 모두 입력하는 것은 거의 불가능에 가깝다. 이는 인간의 신체, 즉 관련성을 인지하고 분류하는 인간이 배제된다면 모든 것은 불가능하다는 것을 의미한다. 그에 의하면 언어를 이해하기 위해서는 광범위한 상식적 배경 지식이 전제되어야 한다. 하지만 인지과학은 모든 지식이 우리 두뇌 속

에서 표상으로 부호화될 수 있다고 주장한다. 하지만 상식적 배경 지식은 이런 식으로 부호화될 수 없다.

II장에서는 교육과 학습 기능의 관련성과 분위기의 중요성, 그리고 기능 습득의 현상학을 논한다. 그는 《컴퓨터가 할 수 없는 것》이라는 책에서 5단계로 나누었던 학습 단계를 7단계로 확장한다. 즉 '초심자'·'상급 초심자'·'능숙성'·'숙련성'·'전문가'의 다섯 단계에 '대가'·'실천적 지혜'의 단계가 추가되었다. 그는 컴퓨터와 인터넷을 이용한 원격 학습은 초심자·상급 초심자·능숙성의 단계까지는 도달할 수 있지만, 숙련성을 넘어서 전문가 이상의 단계에는 결코 도달할 수 없다는 것을 예증해 보이고 있다. 즉 컴퓨터가 기계론적으로 가지는 지적 기능은 인간 기능 획득의 초기 단계에서는 인간의 지적 기능보다 우수할 수도 있지만, 넷째 단계인 숙련성 이후의 단계에는 결코 도달할 수 없다. 인간과 컴퓨터의 이러한 기능 차이는 어디에서 유래하는가? 그것을 그는 메를로 퐁티를 따라 신체라고 주장한다. 즉 인간을 지식 기계와 구분짓는 것은 이성적 판단을 내릴 수 있는 인간의 정신이 아니라 상황적이고 물질적인 신체이다. 신체화된 존재만이 교육에서 몰입을 가속화시키고, 강의실 분위기를 공유할 수 있으며, 필요한 견습을 가능하게 한다. 그러나 현실에서 수반되는 견습과 모방의 필요성·몰입·현존이 없다면, 우리는 기능을 획득할 수 없다.

III장에서 그는 단순히 교육의 영역을 넘어서서 탈신체화된 원격 존재의 한계를 지적하는 데 할애한다. 그 한 예로 축구 경기에 실제로 참여하는 것과 축구 경기의 비디오를 보는 것 사이의 차이를 생각해 보거나, 아니면 로봇의 인공 장기 등에 의존하는 포옹이 실제 포옹을 대신할 수 있는가라고 질문한다. 신체는 분위기를 감지하는 근원이다. 그는 여기서 메를로 퐁티를 원용하여 원격 존재, 혹은 육체와 정신을 분리하는 이원론적 사고가 데카르트에서 시작되었음을 환기시킨다. 데카르트는 신체의 구성 요소인 감각 기관 자체가 정보를 두뇌에 전달하는 일종의 변환 기계 정도로 이해했다. 하지만 드레퓌스는 메를로 퐁티를 빌려서 세계를 가장 적합하게 포착해 낼 수 있는 것은 신체밖에 없다고 주장한다. 일례로 무엇인가를 붙잡고자 할 때, 우리는 그 물건을 가장 잘 잡히도록 잡는다. 그리고 우리가 무엇인가를 보려고 할 때, 우리는 그것을 가장 잘 볼 수 있는 최상의 거리를 확보하려는 경향이 있다. 이런 비근한 예는 '신체가 세계와 공존하는 전반적 환경'이며, '지각의 기초'이기 때문이다. 따라서 신체를 배제한 원격 통신 존재는 결코 인간을 대신한다고 볼 수 없다.

IV장인 정보 고속도로의 허무주의에서는 키에르케고르의 〈당대〉를 번역하여 우리의 사이버스페이스에 적용하고, 키에르케고르가 말하는 언론의 역기능을 네트에 대입하여 읽는다. 키에르케고르는 인간 실존의 영역을 세 단계, 즉 유미적·윤리적·종교적 단계로 구분한다. '유미적'이란 영어 aesthetic의 그리스어 어원이 감성에서 유래했듯이 감성적·관능적이라는 뜻을 동시에 포함하고 있다. 우리가 유미주의자라는 말에서 추측할 수 있듯이 유미적 단계에 있는 사람들은 인생의 모든 쾌락을 향락하고자 하는 태도를 지니고 있다. 즉 쾌락만을 추구하다가 결국 절망에 이르게 되는 단계이다. 쾌락적 삶은 순간적이며 공허하고 권태를 통해 절망에 이르게 한다. 그러나 윤리적 단계에서 사람들은 자기 존재의 책임감을 발전시킨다. 이는 인간이 스스로 선택함으로써 사회적 질서 속에서 책임과 의무를 떠맡고 있는 자신을 깨닫게 되는 단계이다. 하지만 책임을 자유로이 선택할 수 있다는 것은 동시에 언제나 그 책임을 폐기할 수 있다는 것을 의미한다. 따라서 이것은 진정한 책임이 될 수 없다. 키에르케고르에 따르면 종교적 단계에 이르러서야 사람들은 인간이 당면한 이것이냐 저것이냐의 딜레마를 해결하고, 유한성 대신에 영원성을 선택하며, 최종적으로 무조건적 책임을 수용하고 절망에서 벗어날 수 있다.

우리 현실 세계에서 사실 책임은 실제 위험을 수반한다. 예를 들어 자동차 운전을 배운다는 것은 실제 사고의 위험을 수반하지만, 모의 자동차 운전에서 그 위험은 단지 가상적인 것에 불과하다. 마찬가지로 사이버스페이스에서 가상 책임은 익명성과 동시에 안전함을 수반하지만, 저자에 의하면 이것은 진정한 책임의 회피이다. 사실 인터넷상의 삶은 많은 경우 유미적 영역의 삶이다. 왜냐하면 인터넷상의 바로 그 익명성은 공적으로 의견을 표할 때 수반되는 위험성과 책임감을 수반하지 않기 때문이다. 온라인상의 책임은 실제 책임이 아니며, 구체적 상황에 근거한 것이 아니다. 물론 백혈병과 같은 불치병 환자를 위한 윤리적 영역에 속하는 온라인 공동체도 존재한다. 하지만 상술했듯이 종교적 영역으로 도약하기 이전에는 진정한 의미의 책임을 말하기란 어렵다고 드레퓌스는 말한다.

인터넷의 삶은 키에르케고르가 말하는 두 가지 허무주의적 존재의 영역, 유미적이고 윤리적인 영역을 촉진하는 것이며, 동시에 종교적 영역을 추방하는 것이다. 유미적 영역에서 유미주의자는 책임을 회피하고, 흥미로운 것과 지겨운 것의 범주 속에서 생활하고, 가능한 한 많은 흥미로운 것들만을 보기를 원한다. 윤리적 영역에서 우리는 가능성의 절망에 이를 것이다. 그것은 책임을 선택할 수 있지만, 손쉽게 그 책임을 폐기할 수 있는 자유도 있기 때문이다. 따라서 단지 종교적 영역에서만 허무주의는 위험하고 무조건적 책임에 의해 극복될 수 있다.

결론적으로 드레퓌스는 학생들이 현실 세계의 공유된 상황 속에서 책임을 수반하는 위험을 받아들이고 몰입할 때에만 성공적인 학습이 이루어질 수 있다고 본다. 이러한 공유된 상황에서 학생들은 정보를 지식과 실천적 지혜로 바꿀 수 있다.

이 저서는 인터넷의 전망에 대한 명확한 논의를 담고 있다. 하지만 이 책은 다 읽고 난 뒤에도 어쩐지 아쉬움이 남는다. 드레퓌스는 인터넷이 인간을 새로운 차원의 공동체와 민주주의로 이끌 수 있으며, 대중 교육의 문제를 해결할 수 있는가라는 문제를 현상학적 철학자의 관점으로 논의하고 있다.

그러나 그가 책 속에서 키에르케고르를 빌려, 이 시대가 실제 행동은 없고 명상만이 난무하는 시대로 비판했음에도 불구하고 그의 논의는 사뭇 명상적이다. 그는 인터넷상의 삶이, 신체를 버리고 포스트휴먼을 향하는 것이 결코 행복하지 못할 것이라고 결론 내린다. 하지만 문제는 인터넷이 우리 생활의 눈에 보이지 않는 부분이 되었고, 이것은 사실 철학적 선택의 영역이라기보다 이미 피할 수 없는 추세가 되고 있다는 데 문제의 초점이 맞추어져야 하는 것은 아닐까? 드레퓌스가 제기하는 질문들은 타당성이 있지만 지나치게 본질주의적 성향이 강하다. 과연 현실과 가상이 그렇게 분명히 구분되는 범주인가? 온라인상의 금전 거래는 현실인가 가상인가? 그리고 그는 지적 소유권의 문제, 도메인 명의 정치학, 그리고 검열의 문제, 디지털 격차 등의 현실적인 문제를 건드리지 못하고 있다. 이러한 것들은 드레퓌스가 너무나 신체에 대한 현상학적인 접근만을 하고 있다는 데서 생겨난 것이다. 일례로 디지털 시대에 신체는 사라진 것이 아니다. 많은 문화이론가들이 주장하듯이, 온라인상에서 신체는 많은 경우 사라진다기보다는 보다 강한 인종적이고 문화적 표지를 지니고서 등장한다. 그리고 전지구적 감시·보안 체계의 발달은 네트의 절대적 익명성을 불가능하게 만들고 있다는 것도 하나 짚고 넘어가야 할 점이다.

하지만 이 책은 그럼에도 불구하고 여전히 일독해야 할 가치를 갖고 있다. 포스트모던이 오히려 모던, 즉 근대가 무엇인가에 대한 자의식적 성찰을 촉구했듯이 드레퓌스가 제기하는 인터넷상의 삶, 즉 포스트휴먼의 문제는 과연 휴먼 혹은 인간이란 무엇인가에 대한 성찰을 촉구한다는 점에서 그러하다.

2003년 2월 금정산 기슭에서　鄭 惠 旭

동문선

《얀 이야기》ⓒ 2000 JUN MACHIDA

색 인

정혜욱
부산대학교 영어영문학과에서 박사학위 받음
현재 동대학 인문학연구소 연구교수
논문: 〈후기 산업 사회의 저항 담론의 양상〉
〈포스트휴먼의 위기〉(공저) 외 다수
역서: 《탈식민페미니즘과 탈식민페미니스트들》(공역, 현대미학사, 2001)
《번역과 제국》(동문선, 2002)

현대신서
124

인터넷상에서

초판발행 : 2003년 2월 20일

지은이 : 허버트 L. 드레퓌스
옮긴이 : 鄭惠旭
총편집 : 韓仁淑
펴낸곳 : 東文選

제10-64호, 78. 12. 16 등록
110-300 서울 종로구 관훈동 74
전화 : 737-2795

편집설계 : 李姃炅

ISBN 89-8038-285-5 94100
ISBN 89-8038-050-X (현대신서)

東文選 現代新書 1

21세기를 위한 새로운 엘리트

FORSEEN 연구소 (프)

김경현 옮김

우리 사회의 미래를 누르고 있는 경제적·사회적 그리고 도덕적 불확실성과 격변하는 세계에서 새로운 지표들을 찾는 어려움은 엘리트들의 역할과 책임에 대한 재고를 요구한다.

엘리트의 쇄신은 불가피하다. 미래의 지도자들은 어떠한 모습을 갖게 될 것인가? 그들은 어떠한 조건하의 위기 속에서 흔들린 그들의 신뢰도를 다시금 회복할 수 있을 것인가? 기업의 경영을 위해 어떠한 변화를 기대해야 할 것인가? 미래의 결정자들을 위해서 어떠한 교육이 필요한가? 다가오는 시대의 의사결정자들에게 필요한 자질들은 어떠한 것들일까?

이 한 권의 연구보고서는 21세기를 이끌어 나갈 엘리트들에 대한 기대와 조건분석을 시도하고 있으며, 구체적으로 그들이 담당할 역할과 반드시 갖추어야 될 미래에 대한 비전을 제시하고 있다.

본서는 프랑스의 세계적인 커뮤니케이션 그룹인 아바스 그룹 산하의 포르셍 연구소에서 펴낸 《미래에 대한 예측총서》 중의 하나이다. 63개국에 걸친 연구원들의 활동을 바탕으로 세계적인 차원에서 우리 사회를 변화시키게 될 여러 가지 추세들을 깊숙이 파악하고 있다.

사회학적 추세를 연구하는 포르셍 연구소의 이번 연구는 단순히 미래를 예측하는 데에 그치는 것이 아니라, 미래를 준비하는 자들로 하여금 보충적인 성찰의 요소들을 비롯해서, 그들을 에워싸고 있는 세계에 대한 보다 넓은 이해를 지닌 상태에서 행동하고 앞날을 맞이하게끔 하기 위해서 이 관찰을 활용하자는 것이다.

東文選 現代新書 109

도덕에 관한 에세이

크리스티앙 로슈 外

고수현 옮김

전쟁, 학살, 시체더미들, 멈출 줄 모르는 인간 사냥, 이보다 더 끔찍한 것은 살인자들이 살인을 자행하면서 느끼는 불온한 쾌감, 희생자가 겪는 고통 앞에서 느끼는 황홀감이다. 인간은 처벌의 공포만 사라지면 악행에서 쾌락을 얻는다.

공민 교육이라는 구실하에 학교에서 도덕을 가르치는 것에 대해 찬성해야 할까, 반대해야 할까?

도덕은 가르칠 수 있는 것일까? 도덕은 무엇을 근거로 세워진 것인가? 도덕의 가치를 어떻게 정의내릴 수 있을까?

세계화라는 강요된 대세에 눌린 우리 시대, 냉혹한 자유 경제 논리에 가정이 짓밟히는 듯한 느낌이 점점 고조되는 이때에 다시금 도덕적 데카당스를 비난하는 목소리가 높아지고 있다. 물론 여기에는 파시스트적인 질서를 바라는 의심스러운 분노도 뒤섞여 있다. 또한 다른 사람들에 대한 온화한 존경심에서 우러나온 예의 범절이라는 규범적인 이상을 꿈꾸면서 금기와 도덕 규범으로 되돌아갈 것을 요구하는 사람도 있고, 교훈적인 도덕의 이름을 내세우며 강경한 억압책에 호소하는 사람들도 있다.

하지만 어떻게 억지로, 혹은 도덕 강의로 도덕적 위기에 의해 붕괴되어 가는 가정 속에서 잘못된 삶을 사는 청소년들을 '일으켜 세울' 수 있다고 생각할 수 있는가? 도덕이라는 현대적 변명은 그 되풀이되는 시도 및 협정과 더불어, 단순히 담론적인 덕을 통해 사회 문제를 해결하지 못하는 모종의 무능력함을 몰아내고자 하는 것은 아닐까?

東文選 現代新書 98

미국식 사회 모델

쥐스탱 바이스

김종명 옮김

미국 (똑)바로 알기! 미국은 이제 단지 전세계의 모델이 아니다. 미국은 이미 세계 그 자체이다. 현재와 같은 군사적 · 문화적 · 경제적 반식민 상태에서 우리가 미국을 제대로 바라볼 수 있을까? 우리는 미국을 얼마나 알고 있으며, 또 한국과 미국의 비교는 가능한가? 한편으로는 대북 문제에서부터 금메달 및 개고기 문제에 이르기까지, 다른 한편으로는 병역기피성 미국시민권 취득에서부터 미국 가서 아이낳기 붐에 이르기까지, 사사건건 구겨진 자존심에 감정적으로 대응해서야 어찌 미국을 제대로 알 수 있겠는가.

본서는 구소련의 붕괴 이후 자유주의 모델의 국가들 중에서 다른 어떤 나라들보다도 더 보편성을 추구하였고, 그래서 전인류에게 모범이 될 만한 사회 · 정치를 포괄하는 하나의 체계, 즉 완비된 모델을 제시하려고 노력하는 미국과 프랑스를 비교 · 분석하고 있다.

유럽의 계몽주의에 뿌리를 둔 미국과 프랑스의 보편주의는 미국과 구소련 사이의 대립 앞에서 오랫동안 인식되지 못했으나, 냉전이 끝난 오늘날에는 이 둘의 차이가 새삼스레 부각되고 있다. 한때 그 역사적 몰락이 예고되었다고 믿었던 미국의 힘이 1980년대말 이래로 전세계에 그 광휘를 드러내고 있으며, 이전의 그 어느때보다도 더욱 전세계에 그들의 행동 양식과 경제에 대한 가르침을 주려는 기세이다. 이와 달리 연합된 유럽을 대표하는 프랑스식 모델은 거의 배타적으로 영향력을 행사하는 미국식 모델 때문에 점점 외부로의 영향력을 상실하고 있고, 내적으로도 그 정체성을 잃어가고 있다.

바로 이런 시점에서 본서는 유럽의 견유주의를 대표하는 프랑스식 모델과 윌슨주의를 표방하는 미국식 모델이 정치적 · 경제적 · 사회적 측면에서 어떻게 다른지를 비교 · 분석해 주고 있다.

東文選 現代新書 94

진정한 모럴은 모럴을 비웃는다

— 책임진다는 것의 의미

알랭 에슈고엔 / 김웅권 옮김

오늘날 우리는 가치들이 혼재하고 중심을 잃은 이른바 '포스트 모던'한 시대에 살고 있다. 다양한 가치들은 하나의 '조정적인' 절대 가치에 의해 정리되고 체계화되지 못하고, 무질서하게 병렬적으로 공존한다. 이런 다원적 현상은 풍요로 인식될 수 있으나, 역설적으로 현대인이 당면한 정신적 방황과 해체의 상황을 드러내 주는 하나의 징표라고도 할 수 있다. 자본주의의 승리와 이러한 가치의 혼란은 인간을 비도덕적으로 만들면서 약육강식적 투쟁의 강도만 심화시킬 우려가 있다. 그리하여 사회는 긴장과 갈등으로 치닫는 메마르고 냉혹한 세계가 될 수 있다.

개인의 자유와 권리가 확대되고, 사회적인 구속이나 억압이 줄어들면 줄어들수록 개인이 져야 할 책임의 무게는 그만큼 가중된다. 이 책임이 그의 자유와 권리를 보장해 주는 것이다. 개인의 신장과 비례하여 증가하는 이 책임이 등한시될 때 사회는 퇴보할 수밖에 없다. 기성의 모든 가치나 권위가 무너져도 더불어 사는 사회가 유지되려면, 개인이 자신의 결정과 행위 그리고 결과에 대해 자신과 타자 앞에, 또는 사회 앞에 책임을 지는 풍토가 정착되어야 한다. 그렇기 때문에 안개가 자욱이 낀 이 불투명한 시대에 책임 원리가 새로운 도덕의 원리로 부상되고 있는 것이다. 또한 어떤 다른 도덕적 질서와도 다르게 책임은 모든 이데올로기적·사상적 차이를 넘어서 지배적인 담론의 위치를 차지할 수 있다. 그것은 사회적·경제적 변화와 구속에 직면하여 문제들을 해결하기 위해 나타난 '자유의 발현'이기 때문이다.

東文選 現代新書 9

텔레비전에 대하여

피에르 부르디외

현택수 옮김

텔레비전으로 방송된 이 두 개의 콜레주 드 프랑스에서의 강의는 명쾌하고 종합적인 형태로 텔레비전 분석을 소개하고 있다. 첫번째 강의는 텔레비전이라는 작은 화면에 가해지는 보이지 않는 검열의 메커니즘을 보여 주고, 텔레비전의 영상과 담론의 인위적 구조를 만드는 비밀들을 보여 주고 있다. 두번째 강의는 저널리즘계의 영상과 담론을 지배하고 있는 텔레비전이 어떻게 서로 다른 영역인 예술·문학·철학·정치·과학의 기능을 깊게 변화시키는지를 설명하고 있다. 이러한 현상은 시청률의 논리를 도입하여 상업성과 대중 선동적 여론의 요구에 복종한 결과이다.

이 책은 프랑스에서 출판되자마자 논쟁거리가 되면서, 1년도 채 안 되어 10만 부 이상 팔려 나가 베스트셀러 리스트에 오르고, 세계 각국에서 번역되어 읽혀지고 있는 피에르 부르디외의 최근 대표작 중 하나이다. 인문사회과학 서적으로서 보기 드문 이같은 성공은, 프랑스 및 세계 주요국의 지적 풍토를 말해 주고 있다. 이처럼 이 책이 독자 대중의 폭발적인 반응과 기자 및 지식인들의 지속적인 반향을 불러일으키는 이유는, 세계적으로 잘 알려진 그의 학자적·사회적 명성 때문이기도 하지만 무엇보다도 언론계 기자·지식인·교양 대중들 모두가 관심을 가질 만한 논쟁적인 내용을 담고 있기 때문이다.

東文選 現代新書 42

진보의 미래

도미니크 르쿠르
김영선 옮김

 과거를 조명하지 않고는 진보 사상에 대한 미래를 예견할 수 없다. 진보라는 단어의 현대적 의미가 만들어진 것은 17세기 베이컨과 더불어였다. 이 진보주의 학설은 당시 움직이는 신화가 되었으며, 공산주의자들이 그것을 계승한 20세기까지 그러하였다. 저자는 진보주의 학설이 발생시킨 '정치적' 표류만큼이나 '과학적' 표류를 징계하며, 미래의 윤리학으로 이해된 진보에 대한 요구에 새로운 정의를 주장한다.

 발달과 성장이라는 것은 복지와 사회적 화합에서 비롯된 두 가지 양식인가? 단연코 그렇지 않다. 작가는 비관주의에 빠지지 않으면서도 다소 어두운 시대적 도표를 작성한다. 생활윤리학·농업·환경론 및 새로운 통신 기술이 여기서는 비판적이면서도 개방적인 관점에서 언급된다.

 과학과 기술을 혼동함에 따라 사람들은 무엇에 대해 말하고 있는지 더 이상 알지 못한다. 정치 분야와 도덕의 영역을 혼동함에 따라 무엇을 생각해야 할지 또한 더 이상 알지 못한다. 작가는 철학의 새로운 평가에 대해 옹호하고, 그래서 그는 미덕의 가장 근본인 용기를 주장한다. 그가 이 책에서 증명하기를 바라는 것은 두려움의 윤리에 대항하며, 방법을 아는 조건하에서는 모든 사람이 철학을 할 수 있다는 점인 것이다.